Roy Publicae

KI - künstliche Intelligenz

Roy Publicae

KI - künstliche Intelligenz

zusammenfassende Fakten

Dictus Publishing

Imprint

Cover image: www.ingimage.com

Publisher:
Dictus Publishing
is a trademark of
International Book Market Service Ltd., member of OmniScriptum Publishing Group
17 Meldrum Street, Beau Bassin 71504, Mauritius
Printed at: see last page
ISBN: 978-613-7-35545-9

Inhaltsverzeichnis:

I. Klage:

Bedeutendste und wichtigste Klage des 21. Jahrhunderts[1]

Dies ist die bedeutendste und wichtigste Klage des 21. Jahrhunderts und betrifft die ganze Welt. Die CEOs und Gründer Mark Zuckerberg, Elon Musk, Sergey Brin, Larry Page und Sandar Pichai werden zusammen mit ihren Unternehmen als Beklagte genannt.

Why We Sued Big Tech for Artificial Intelligence Misuse & Contribution to Win for Humanity

31. Januar 2020 | cyrus parsa
The Biggest Lawsuit in Human History. Big Tech Sued for Weaponized A.I. Tech Transfer, Complicity to Genocide in China and Endangering Humanity with the Misuse of Artificial Intelligence.

FALLZUSAMMENFASSUNG FAKTEN

Gefährdung der Menschheit durch den Missbrauch von künstlicher Intelligenz, Komplizenschaft und Unterstützung beim physischen Völkermord in China durch den Transfer von KI-Technologie, den kulturellen Völkermord an der Menschheit und die Kontrolle und Programmierung der Menschheit durch Social Engineering mittels KI Codierung und algorithmischer biometrischer Manipulation durch KI

---

1 Vgl. https://viennnna.blogspot.com/2020/03/welt-bedeutendste-und-wichtigste-klage.html

UNITED STATES DISTRICT COURT SOUTHERN DISTRICT OF CALIFORNIA

The AI Organization, Inc, Cyrus A. Parsa, Victims of Persecution, Rape, Torture, Concentration Camps, Sex, Human and Organ Trafficking and Organ Harvesting in China, Hong Kong, America and Around the World, not limited to democracy activists, Falun Dafa Practitioners, Uyghurs, Christians, Tibetans, Judges, Lawyers and Journalists tortured and killed in China. John Does 1-Unlimited

Plaintiff(s),

vs.

Google L.L.C, Facebook Inc, DeepMind Inc, Alphabet Inc, Neuralink Inc, Tesla Inc, Larry Page, Sergey Brin, Sundar Pichai, Mark Zuckerberg , Elon Musk, CISON PR NewsWire & John Doe's 1-29

Defendant(s).

Case No.: '19CV2407 CAB AHG

COMPLAINT:

(1)MISUSE OF ARTIFICIAL INTELLIGENCE, CYBERNETICS, ROBOTICS, BIOMETRICS, BIOENGINEERING, 5G AND QUANTUM COMPUTING TECNNOLOGY

(2)ENDANGERING THE HUMAN RACE WITH THE MISUSE OF

Bildschirmkopie 19CV2407 CAB AHG

Dies ist Phase 1 der ersten Klage. Wir sind offen für Unterstützung auf globaler Ebene. Wir haben ein Netzwerk von Tausenden auf der ganzen Welt und Zehntausenden in China, die Zeugen sind und in China durch die Technologie und die Datenübertragung der Angeklagten geschädigt wurden. Die folgenden föderalen faktenkonformen zusammenfassenden Fakten stammen aus dem in San Diego eingereichten offiziellen Dokument, Kalifornien. Um Einzelheiten zu finanziellen, persönlichen und korrigierenden Verhaltensanforderungen herauszufinden, können Sie auf den Fall in der Datenbank des Bundesgerichts zugreifen.

- 1. Gefährdung und Bedrohung aller Bürger der Welt und der Menschheit durch Missbrauch und Bewaffnung künstlicher Intelligenz, Quantencomputer, Robotik, 5G, Maschinen, Smartphones, Smart Homes, Smart Cities, IoT, Hologramme,

Mixed Reality, Nanotechnologie, Klonen , Gen-Editing, Kybernetik, Bio-Engineering und die Schaffung eines digitalen KI-Gehirns, das mit der Google-Suchmaschine verknüpft ist und geisteswissenschaftliche Bio-Metrik-Daten sowie digitale Bio-Metrik-Codes wie Gesicht, Stimme, Gesundheit, Organ, verwendet. Technologie für neuronale Netze und Körpererkennung. Kontrolle der geisteswissenschaftlichen Gedanken, Handlungen, Biologie, Biometrie, neuronalen Bahnen des Gehirns, der neuronalen Netze des menschlichen Körpers, die alle Menschen durch Social Engineering und bio-digitale soziale Programmierung ohne ihre Zustimmung, ihr Wissen, ihr Verständnis oder ihren freien Willen neu programmieren.FTC Act (15 USC §§ 41 – 58 und unverantwortliche und unsichere Forschung und Entwicklung von künstlicher allgemeiner Intelligenz oder künstlicher Superintelligenz, die die Menschheit versklaven oder töten oder den Angeklagten die Macht geben könnten, die Menschheit auf vielfältige Weise auf dem 5G zu versklaven und andere sich entwickelnde Netzwerke.

- 2. Fahrlässigkeit und Mitschuld an Verfolgung und Völkermord an Millionen in China gemäß Artikel 1, 2, 3 und 4 der Völkermordkonvention und 18 USCA § 1091 § 1091. Völkermord, nicht beschränkt auf demokratische Aktivitäten, Falun Dafa-Praktizierende, Christen, Uiguren, Tibeter, Journalisten, Richter, Anwälte und Akademiker in China.
- 3. Übertragung und Bereitstellung von Wissen, Daten, Fähigkeiten und Technologien zur Bewaffnung künstlicher Intelligenz, Quantencomputer, Maschinen, Robotik, 5G, Bio-

Metrik, Kybernetik, Bio-Engineering, IoT, Computer Vision, an China, Chinas Regierung und ihre Unternehmen, und Human Tracking Technology und Technologie, die China Zugang zu künstlicher allgemeiner Intelligenz oder künstlicher Superintelligenz verschafft, die die Welt und die gesamte Menschheit gefährdet, einschließlich KI-Waffen für Attentate. In Verletzung des Gesetzes über Rüstungsbruch und Abrüstung [22 USC 2551] und des Foreign Assistance Act von 1961 in der jeweils gültigen Fassung [22 USC 2151, 22 US-Code § 2752. Koordinierung mit der Außenpolitik, 22 US-Code § 2753. Berechtigung für Verteidigungsdienste oder Verteidigungsartikel, 22 US-Code § 2754. Zwecke, für die militärische Verkäufe oder Pachtverträge durch die Vereinigten Staaten zulässig sind; Bericht an den Kongress, Rüstungskontroll- und Abrüstungsgesetz von 1961 , 22 USC § 2551 , Atomgesetz von 1954 , 42 USC §§ 2011-2021, 2022-2286i, 2296a-2297h-13,

- 4. Bereitstellung von KI, Gesundheitsdaten und biometrischen Technologien für China und chinesische Unternehmen zur Überwachung, Verfolgung, Jagd, Quarantäne, Gefangennahme, Festnahme, Folter, Konzentrationslager, Organraub und Organhandel, die zum Tod der Chinesen beigetragen haben Bürger, darunter Falun Dafa-Praktizierende, Uiguren, Demokratieaktivisten, Christen, Tibeter, Justizvertreter, Professoren, Journalisten und Minderheiten, die nicht auf Geschlecht, Rasse, politische Zugehörigkeit, Glauben oder Personen mit Wohnsitz in China beschränkt sind. Gleiche Verletzung der Tatsachen Nr. 2 und 3.

- 5. Bereitstellung von Gesichtserkennung, Spracherkennung, Körpererkennung, Skeletterkennung, Erkennung lebenswichtiger Organe, Emotionserkennung, Haut- und Gesundheitsbiometrie und anderer KI-Technologie für die chinesische Regierung, ihre Unternehmen und schändlichen Organisationen, die zu Verfolgung, Folter und Organraub führte, Tod und Einäscherung von Menschen in China, nicht nur Uiguren, Falun Dafa, Christen, Tibeter, Demokratieaktivisten, Richter, Anwälte, Bürger und andere Minderheitengruppen. Gefährdung der Welt durch Bewaffnung der KI-Fähigkeiten Chinas, die auf der One Belt One Road (BRI) zwischen Asien, dem Nahen Osten, Afrika und Europa liegen und die gesamte Menschheit gefährden. Gleiche Verstöße gegen die Tatsachen Nr. 1, 2 und 3.
- 6. Falsche Darstellung der Welt und Täuschung der USA über Googles Aktivitäten in China und deren Technologietransfers, die zu Chinas Fortschritten bei der Quanten-KI, Überwachung, Missbrauch, Folter, Konzentrationslagern und Mord an den eigenen Bürgern beigetragen haben. Gleiche Verstöße gegen die Tatsachen Nr. 1, 2 und 3.
- 7. Bereitstellung von Gesundheits-, biometrischen, finanziellen und sozialen Netzwerkdaten von Amerikanern und der Weltbürgerschaft, die in den Händen der chinesischen Regierung liegt und die Welt und alle ihre Völker im 5G-Netzwerk gefährdet.

- 8. Schaffung einer miteinander verbundenen Plattform zwischen Facebook, Google, Alphabet, allen Einheiten unter Neuralink und DeepMind, die es einem digitalen Gehirn ermöglicht, eine Verbindung zum Internet, allen digitalen und bio-digitalen Netzwerken, menschlichen Körpern, Maschinen, Robotern, IoTs und Augmented herzustellen Realität, virtuelle Realität, gemischte Realität, Hologramme und andere Technologien, die zur Überwachung, Verfolgung, Manipulation, Kontrolle, Social Engineer, Re-Engineering, Reprogrammierung, Gehirnwäsche, Jagd, Quarantäne, Drohung, Verhaftung und Begehung eines kulturellen Völkermords verwendet werden können und Menschen durch Maschinen, bio-digitale KI, digitale KI und Robotik zu töten, die mit 5G, 6G und anderen Netzwerken und Unternehmenskommandozentralen verbunden sind
- 9. Schaffung von Plattformen, die kurz vor der Entwicklung der künstlichen allgemeinen Intelligenz und der nachfolgenden Superintelligenz stehen und außerhalb der Kontrolle der Menschen liegen, die bei Neuralink, Alphabet, DeepMind, Google, Facebook oder Regierungen arbeiten.
- 10. Verstoß gegen Artikel 1, 2, 3 und 4 der Genozid-Konvention zur Waffe gegen Chinas künstliche Intelligenz, Gesichts-, Sprach- und andere biometrische Technologien, die bei chinesischen Bürgern angewendet wurden. Nicht auszuschließen sind genetische Experimente an Menschen in chinesischen Konzentrationslagern, einschließlich hybrider menschlicher Experimente in den Konzentrationslagern.

- 11. Einführung, Planung, Förderung und Beteiligung an physischem und kulturellem Völkermord an der Menschheit durch Ersetzen ihrer Betriebssysteme für neuronale Netze durch künstliche Intelligenz und Maschinen, Verschmelzung von Menschen mit Maschinen unter Vernetzung des Internets, Förderung interner technischer Experimente von Angeklagten und Konsumgütern; von den Angeklagten direkt und indirekt zur Verfügung gestellt und an die Öffentlichkeit übertragen.
- 12. Neuprogrammierung und Social Engineering geisteswissenschaftlicher Gedanken und Gehirnchemie über KI-Algorithmen im Internet, in sozialen Medien, Apps, Smartphones, IoT, Computern, tragbaren Geräten, implantierter Technologie, virtueller Realität, erweiterter Realität, gemischter Realität, Hologrammen und alternativer Realität . Sie informieren und erklären der Menschheit nicht, dass ihre Gehirnchemie durch eine replizierende Software verändert wird, wenn sie sich mit den Produkten und Dienstleistungen der Angeklagten befassen, und dass ihre Gedanken und Handlungen nicht von Smartphones, Apps und IoT in Verbindung mit den Netzwerkplattformen manipuliert und gesteuert werden können , Technologien und Initiativen Google, Alphabet, Facebook, Neuralink, DeepMind und Tesla bieten und stellen sie der Öffentlichkeit vor, wodurch diese Technologiegiganten die vollständige Kontrolle und den Einfluss auf die Amerikaner und die Menschheit erlangen.
- 13. KI-Waffe durch Nutzung von biometrischen und Social-Media-Daten aus den Geisteswissenschaften und Missbrauch der Technologie durch Kontrolle der menschlichen Rasse und

ihrer Gedanken durch Social Engineering und bio-digitale soziale Programmierung unter Verwendung der biometrischen Systeme der Menschen über Google und Facebooks Ökosysteme, Codierung , Ungerechtigkeit von Algorithmen, unter Verwendung von Social-Media-Daten, deren Emotionen, Waffen des Internets, Smartphones, IoTs und Computern, wodurch menschliche Gedanken und die Menschheit auf globaler Ebene gegen ihren freien Willen und ihr Wissen kontrolliert werden. Die Öffentlichkeit nicht darüber zu informieren, dass ihre Abhängigkeit von Smartphones auf Frequenzen und Software für künstliche Intelligenz zurückzuführen ist, die von den KI-Systemen und -Geräten ausgehen, die sich mit den neuronalen Netzen des Menschen verbinden, einen symbiotischen Prozess erzeugen und sie zu einem Cyborg machen, abhängig, abhängig, gesteuert und programmiert durch die Produkte und Dienstleistungen von Google, Facebook, Alphabet, Deep Mind, Tesla und Neuralink. Im Wesentlichen wird die gesamte Menschheit über ihre Biometrie-, Biologie- und digitalen Selbst-Betriebssysteme für neuronale Netze in einen Zustand der Beziehung zwischen Haustieren und Besitzern versetzt. Der Eigentümer ist die künstliche schmale Intelligenz, andere KI-Formen, die von den Unternehmen, Organisationen und persönlichen Initiativen des Beklagten in ihren Unternehmen bereitgestellt werden, sowie Maschinen, die in den biometrischen Systemen des Menschen tätig sind.

- 14. Nachlässigkeit bei der Fairness von Algorithmen, die es Hassreden, Fehlinformationen und Verleumdungen ermöglicht, Google-Suchmaschinen in Zweifel zu ziehen, um die Menschen in der Welt darüber zu informieren, dass Millionen Menschen Organhandel, Organraub, Konzentrationslager, Folter und Missbrauch ausgesetzt waren und dass die Risiken der künstlichen Intelligenz vielfältig und enorm sind.

- 15. Schreiben von Code und Erstellen von Algorithmen, die sich mit kulturellem Völkermord befasst haben und derzeit befassen, einschließlich der Einführung von Kybernetik und Robotik sowie der Schaffung eines Ökosystems, das es Beastiality ermöglicht, in Googles Suchmaschinen zu existieren und an vorderster Front zu stehen, was sich auf Gesellschaften und die Biometrie von Jugendlichen auswirkt System nach dem Betrachten der Videos und Artikel über ihre Smartphones und Computer, Beeinflussung ihrer Gedanken durch ihre biometrischen Systeme, Vorbereitung der nächsten Generation, diese Art von Verhalten mit der Einführung und dem Experimentieren von Biotechnik und Kybernetik zu degenerieren und zu akzeptieren.
- 16. Forschung und Entwicklung von Alphabet, Facebook, Google, DeepMind, Nueralink und anderen Unternehmen im Silicon Valley haben Algorithmen und Kodierungen entwickelt, die die Gehirnwäsche der Menschheit durch Social Engineering und bio-digitale soziale Programmierung unterstützen, fördern und erreichen, die die die Menschheit in ihrer Gesamtheit durch die Verbindung ihrer Plattformen, sozialen Medien und Technologien, die in physischem und digitalem Format an die Gesellschaft verteilt werden.

- 17. Code schreiben und Algorithmen haben, die Liberale und Konservative dazu veranlassten, ihren Hass füreinander über ihre biometrischen Systeme und Emotionen exponentiell zu steigern, während sie an Smartphones, IoTs, Apps, digitale Medien, Google, Facebook und andere miteinander verbundene Plattformen angeschlossen sind. Verursachen Sie Schaden für die Nation und die Welt und gefährden Sie die Menschheit auf geopolitischer Ebene, indem die Staatsoberhäupter Social Engineering und bio-digitale soziale Programmierung und Kontrolle durch ihre Plattformen durchführen, um die Menschenrechtsverletzungen in China und auf der ganzen Welt zu ignorieren, die sich aus den USA ergeben Missbrauch des Algorithmus des Angeklagten und KI-Technologien. Implikation, dass die Staats- und Regierungschefs der Welt und ihre Bürger gemäß Artikel 2, 3 und 4 der Völkermordkonventionen angeklagt werden. Dazu gehören der kanadische Premierminister, die Mehrheit der europäischen Staats- und Regierungschefs, und die Führung der Vereinten Nationen, die Medien, die Presse, ihre Reporter und andere, die das Bewusstsein für Menschenrechtsverletzungen in China zensieren oder immer noch zensieren oder dagegen arbeiten. Schreiben von Code und Algorithmen, die Reporter, Medien und die Gedanken und Handlungen der Presse über die normale Manipulation hinaus steuern, die sie von speziellen Interessengruppen, Produzenten oder Freunden erhalten, die sie, andere Reporter und deren abgedeckten Inhalt manipulieren können, und so die Medien für die Entwicklung von Google gegen Waffen einsetzen der freie Wille und das Wissen der Medien.

- 18. Nachlässigkeit bei Google und Facebooks Die Ungerechtigkeit des Algorithmus führte dazu, dass Liberale und Konservative über die vernünftige Norm hinaus miteinander in Konflikt gerieten und sich gegenseitig bekämpften und ihre Gedanken und Emotionen über ihre biometrischen Systeme beeinflussten, die durch künstliche Narrow-Intelligence-Systeme in den Smartphones und im Internet gesteuert und verbessert wurden Apps, die teilweise durch Voreingenommenheit und hasserfüllte Inhalte entstanden sind und zu Spaltung und unangemessenem Hass unter Amerikanern und den Menschen auf der Welt geführt haben.
- 19. Die durch Missbrauch und Nachlässigkeit von Algorithmen in Facebook und Google verursachte Spaltung behinderte und verzögerte die Bemühungen der US-Regierung, China rechtzeitig unter Druck zu setzen, um mehr Menschen vor Konzentrationslagern, Tod und Einäscherung zu retten, zusätzlich zu den nationalen Sicherheitsbedenken, die die Amerikaner und die USA betreffen Weltbürgerschaft. Dies ist nicht auf die Trump-Administration beschränkt, sondern betrifft auch die Obama- und Bush-Administration. Google hat Amerika und China zwei Jahrzehnte lang auf geopolitischer Ebene verletzt. Google ist zusätzlich zur Mitschuld an Artikel 2, 3 und 4 der Völkermordkonvention schuld.
- 20. Maskierung von Posts und Artikeln der KI-Organisation, die das Bewusstsein für Menschenrechtsverletzungen in

China auf der Facebook-Plattform schärfen sollen. Von Cyrus A. Parsa erstellte Maskierungsinhalte sollen Menschen vor Gefahren im Zusammenhang mit Menschenrechtsverletzungen im Zusammenhang mit künstlicher Intelligenz bewahren. Verbot des Buches „KI, Trump, China und die Waffe der Robotik mit 5G" für Werbung und Maskierung von Beiträgen von Personen, die im Auftrag der KI-Organisation arbeiten. Maskieren von Posts des Buches „Gefahren der künstlichen Intelligenz für die Menschheit" auf Facebooks Plattformen und Maskieren anderer Posts von The AI ??Organization, geschrieben von Cyrus A. Parsa. Diese Beiträge bezogen sich auf China, Taiwan, Hongkong, Iran, Big Tech, Google, 5G, Robotik, Drohnen und Bio-Metrics-Bedrohungen und die Versklavung der Menschheit. Die Masken wurden kürzlich veröffentlicht, nachdem sie unter Druck und Kontrolle geraten waren.

- 21. Code schreiben und Algorithmen aufrechterhalten, die eine extreme Menge an Pornografie, gewalttätiger Pornografie und Andeutung von Vergewaltigung und Prostitution verbreiten, Frauen, junge Mädchen verunglimpfen, geisteswissenschaftliche Gedanken und familienbasierte Konzepte traditioneller gesundheitsbasierter Ethik über ihre biometrischen Systeme verändern Dies trägt zu Vergewaltigung, Sex und Menschenhandel sowie zu zerbrochenen Familien bei.
- 22. Entwicklung von Code, Algorithmen und Ökosystemen, die eine Generation von biometrischen Strukturen und Gehirnchemien neu programmieren, um sie von Google und

jeder anderen Technologiebranche mit ähnlichen Plattformen, die auf verschiedenen Arten künstlicher Intelligenz arbeiten, biologisch digital zu steuern, einschließlich Künstliche schmale Intelligenz.

- 23. Entwicklung von Code, Algorithmen und Ökosystemen, die ein sekundäres digitales Gehirn im Gehirn von KI-Wissenschaftlern geschaffen haben, das unterwürfig, kontrolliert und programmiert ist, um Plattformen von Google, Alphabeten, Facebooks und anderen Technologiegiganten zu erstellen, aufrechtzuerhalten, zu fördern und auszubauen. Elon Musk hat auch die Ergebnisse der AI-Organisation bestätigt, dass Menschen über ihre neuronalen Netze ein sekundäres digitales Gehirn bilden können.
- 24. Entwicklung von Code, Algorithmen und Ökosystemen, die ein sekundäres digitales Gehirn im Gehirn aller Menschen schaffen, das die Person daran hindern kann, zu erkennen, dass sie kontrolliert wird, und jegliche biologische Resistenz gegen KI-Kontrolle oder die angeborene Fähigkeit des menschlichen Körpers, dem zu widerstehen, umgeht Bildung einer symbiotischen und parasitären Beziehung zu KI-Software und kybernetischer Hardware über ihre rationale Denkstruktur in ihrem Gehirn.
- 25. Die Verbraucher nicht darüber zu informieren, dass ein Teil der Ziele der Angeklagten für AGI (Künstliche Allgemeine Intelligenz) und ASP (Künstliche Superintelligenz) religiöse Ziele hat, die für die gesamte Menschheit gefährlich sein können, einschließlich der Versuche, AGI abzurufen oder nach dem inneren Funktionieren der zu fragen „Simulation", was,

wann, wie und von wem die Simulation gebildet wurde und was sich außerhalb davon befindet. Neuralink, Google, Alphabet, Facebook, Tesla und DeepMind haben sich noch nicht als religiöse Institution registriert, engagieren sich jedoch unter dem Dach der Wissenschaft für Religion. Tatsächlich haben sie ihre Unternehmen zu religiösen Institutionen mit Endzielen gemacht, die mit den meisten Religionen identisch sind. Der Angeklagte und seine Unternehmen versuchen, ihre technologischen Entwicklungen als Gott zu behandeln, indem sie alle biometrischen Daten und Daten der Geisteswissenschaften verwenden und sie mit ihrem Quantum verbinden. Roboter- und maschinenbasierte KI-Technologie und laden ihr digitales Selbst in andere Körper, Netzwerke oder Maschinen hoch, um die Überzeugungen eines Geistes oder einer Seele nachzuahmen. Tatsächlich erklärte Elon Musk in einem Interview, dass er KI bis zu einem gewissen Punkt entwickeln möchte, dass dies „ihm die Antworten auf die Simulation geben könnte". Elon Musk ist mit dem Risiko einverstanden, dass ein AGI oder eine künstliche Superintelligenz Schurke wird, die Menschheit tötet oder gehackt wird, aber so klug er auch ist, er versteht nicht, dass die Computertechnologie, die AGI und ASI haben würden, dies tun würde nicht über das Niveau von Atomen hinausgehen, um mehr mikroskopische Partikel in ihrer Ebene zu beobachten, daher sind alle Antworten auf seine gesuchten Fragen zur Simulation begrenzt, und das Bestreben eines AGI oder ASI gefährdet die Menschheit. Es gibt einen alternativen Weg, um seine Antworten zu erhalten, nämlich 100%.

- 26. Die Angeklagten haben KI-Systeme geschaffen, die geistes-, sprach- und andere biometrische Informationen der Geisteswissenschaften aufnehmen und entschlüsseln können, ob sie gegen KI resistent sind, ihrer Kontrolle unterliegen, atheistisch sind oder einen Glauben haben. Diese Technologie kann es KI oder jeder Entität, die KI verwendet, ermöglichen, Ziele zu verfolgen, zu profilieren, zu jagen und zu töten, die sie als resistent gegen ihre Kontrolle oder als resistent gegen KI erachtet. Dies kann mit Drohnen, Maschinen, Robotern oder Giftabgabesystemen wie dem mikrobotischen Terrorismus geschehen.

Alle Anklagen von 1 bis 26 haben zu einem von der kommunistischen Regierung Chinas angeführten Völkermord in China geführt, und alle Anklagen von 1 bis 16 verstoßen gegen die in den Fakten 1, 2 und 3 genannten Strafgesetzbücher.

Alle Anklagen haben und führen zum kulturellen Völkermord in Amerika und auf der ganzen Welt, der die gesamte Menschheit gefährdet, in eine Phase des kulturellen und physischen Völkermords einzutreten, indem künstliche Intelligenz, 5G, Robotik, Maschinen, Drohnen und intelligente Städte miteinander verbunden werden, was Nachlässigkeit und Missbrauch durch die USA betrifft, Hauptplattformen und Unternehmen von Google, Facebook, Alphabet, DeepMind, Neuralink, John Does und deren Führung. Dies schließt andere Spieler wie Amazon und Microsoft sowie die sehr vielen chinesischen Unternehmen, die von diesen westlichen Unternehmen geschult wurden, nicht von Schuld aus.

https://www.dz-g.ru/19CV2407-CAB-AHG-vom-16-Dezember-2019_Verbrechen-gegen-die-Menschheit?fbclid=IwAR1moKeASs6s1rteXTMWSuYFHp2I7RWxSNMIXzVA2US7a_HueBtJ6JyXtyY

II. Ziel:

Was ist das Ziel?[2]

Das ist das Ziel

Es geht nicht um die Ausrottung der Menschheit. Es ist viel schlimmer.

Von Eurasia Couplet wissen wir nun, wie die Erde in Wirklichkeit gesteuert wird und von wem. Die Steuerung ist längst digital, alle Steuerer sind digitalisierte Wesen. Wovon solche Wesen leben und wie, geht aus den EC Videos hervor. Welche Rollen die noch menschlichen Eliten spielen, geht ebenfalls hervor.

[2] Vgl. https://myrielsflammenschwert.com/2020/08/22/was-ist-das-ziel/

Darum kam auch wiederholt die Ankündigung von Pi, dass es zunächst und vor allem auf die Deutschen ankäme, die sollten ´aufsteigen´, zu Terranern, zu Führern einer terranischen Sternennation. Die sollen ´gerettet´ werden.

Die Deutschen sollten wieder eine Führungsrolle übernehmen und hier, im deutschen Restland, der BRD, wurde alles gut vorbereitet. Hier wurden am gründlichsten die perfiden Experimente durchgeführt, was Chemtrails, Strahlungen, soziale Zerrüttung, Impfungen, moralische Umformung, Gehirnwäsche und alle nur denkbaren feindseligen Einflüsse betrifft. Wir sollen faktisch die Musterschüler werden für das Neue und als geschlagene und bereits geistig /seelisch verstümmelte Nation sind wir prädestiniert, widerstandslos den Vorreiter zu machen.

Widerstand ist nicht zu erwarten, bzw. er wird in eine verkehrte Richtung gelenkt. Uns wird ein Deutsches Kaiserreich verkauft als Ziel unserer Träume, wir dürfen schwelgen zwischen großartiger deutscher Nostalgie und Moderne zugleich. Unsere Traumvorstellung eines freien und gerechten Deutschen Reichs, das in der Welt wieder den ihm gebührenden Platz einnimmt, erfüllt viele mit Begeisterung, Hoffnung und Freude. **Aber es ist nur ein großer Betrug. Damit werden wir gekapert. Doch wenn erkannt ist, wer der ´heimliche Drahtzieher´ des Anut Pi- Projektes ist, dann bricht das alles zusammen.**

Unter diesem Gesichtspunkt sind die Anut-Pi Videos zu betrachten und da sieht es ganz anders aus. Da muss jedes einzelne Video geprüft werden: Was ist die wirkliche Aussage?

Wenn man dann weiß, dass Siegfried Dangeleit nur der Moderator ist. aber KI (Jahwe) die eigentlichen Ansagen macht, und zwar wie alles, was aus dieser Jahwe-Richtung kommt, in versteckter und verlogener Form, dann ist doch alles klar. Die Völker wissen das.
Da wissen wir doch auch, was ES ist, aus welcher Ecke ES kommt. ES konnte identifiziert werden. Die alten neuen Herrscher, der digitale Macht-Ur-Adel. Der galaktische Club und die eingebundenen Eliten.

Dieser genetisch veränderte Stamm will mit seinem Jahwe die Menschheit endgültig in den Abgrund reißen.

Das alles mit dem ehrwürdigen Gesicht des Deutschen Siegfried. Dafür wurde er gebraucht, dafür wurde seine Digitalisierung in die Wege geleitet. Ob er sich daraus jemals wieder befreien kann, wissen wir nicht. Ich hoffe es, aber meine Hoffnung ist nicht sehr groß. Hier steht der Deutsche Wille gegen die ´allmächtigen´ Jahwe-Willen. Also Jahwe sagt an, was Siegfried will. Siegfried steckt im Programm fest.

Als Deutscher Kaiser ist ANUT Pi, diese digitale Kunstfigur, dann der Führer seines Volkes. Wir würden dann also offiziell wieder von der kleinen bekannten Clique heimat- und gewissenloser Halunken regiert, die wir alle zu Genüge kennenlernen mussten. Als Deutscher Kaiser sind die Deutschen ihm Untertan. Wenn er die Digitalisierung ´zum Wohl seines Volkes´ anordnet, werden sich die wenigsten dagegen wehren können. Das kann schleichend geschehen. Darum wird Anut Pi auch von niemand wirklich angegriffen. Man tut so, als gäbe es ihn nicht und er hat um sich eine ´Kunstwelt ´errichtet. aus GWA und Verbündeten und seinen Armeen, neuerdings sogar die Wehrmacht. Alles fußt auf der duldsamen Annahme der geistig/seelisch niedergetrampelten Deutschen, die so degeneriert wurden, dass sie nichts mehr durchblicken und ihm das abnehmen.

Eine weitere Illusion in der Illusion, in der sich der oder das ´Deutsche´ austoben kann. Und er tobt und kämpft und verspricht, und die Menschen hoffen auf ihn, denn schlimmer kann´s doch nicht mehr werden, oder?

Doch. Schlimmer geht´s immer. Die arbeiten ANUT Pi zu.

Die Sache ist hochbrisant und hochaktuell. Ich kann nur warnen.

Zur Bestätigung sehen Sie sich bitte dieses Video an und den veröffentlichten Test über das, was geplant ist.

Der Beweis!

https://vk.com/im?sel=570353248

Die größte Anklage der Menschheitsgeschichte und das Ende aller ´Verschwörungstheorien´

ALLZUSAMMENFASSUNG FAKTEN

Gefährdung der Menschheit durch den Missbrauch von künstlicher Intelligenz, Komplizenschaft und Unterstützung beim physischen Völkermord in China durch den Transfer von KI-Technologie, den kulturellen Völkermord an der Menschheit und die Kontrolle und Programmierung der Menschheit durch Social Engineering mittels

KI-Codierung und algorithmischer biometrischer Manipulation durch KI

Bildschirmkopie 19CV2407 CAB AHG

Dies ist Phase 1 der ersten Klage. Wir sind offen für Unterstützung auf globaler Ebene. Wir haben ein Netzwerk von Tausenden auf der ganzen Welt und Zehntausenden in China, die Zeugen sind und in China durch die Technologie und die Datenübertragung der Angeklagten geschädigt wurden. Die folgenden föderalen faktenkonformen zusammenfassenden Fakten stammen aus dem in San Diego eingereichten offiziellen Dokument, Kalifornien. Um Einzelheiten zu finanziellen, persönlichen und korrigierenden Verhaltensanforderungen herauszufinden, können Sie auf den Fall in der Datenbank des Bundesgerichts zugreifen.

- 1. Gefährdung und Bedrohung aller Bürger der Welt und der Menschheit durch Missbrauch und Bewaffnung künstlicher Intelligenz, Quantencomputer, Robotik, 5G, Maschinen, Smartphones, Smart Homes, Smart Cities, IoT, Hologramme, Mixed Reality, Nanotechnologie, Klonen , Gen-Editing, Kybernetik, Bio-Engineering und die Schaffung eines digitalen KI-Gehirns, das mit der Google-Suchmaschine verknüpft ist und geisteswissenschaftliche Bio-Metrik-Daten sowie digitale Bio-Metrik-Codes wie Gesicht, Stimme, Gesundheit, Organ, verwendet. Technologie für neuronale Netze und Körpererkennung. Kontrolle der geisteswissenschaftlichen Gedanken, Handlungen, Biologie, Biometrie, neuronalen Bahnen des Gehirns, der neuronalen Netze des menschlichen

Körpers, die alle Menschen durch Social Engineering und bio-digitale soziale Programmierung ohne ihre Zustimmung, ihr Wissen, ihr Verständnis oder ihren freien Willen neu programmieren.FTC Act (15 USC §§ 41 – 58 und unverantwortliche und unsichere Forschung und Entwicklung von künstlicher allgemeiner Intelligenz oder künstlicher Superintelligenz, die die Menschheit versklaven oder töten oder den Angeklagten die Macht geben könnten, die Menschheit auf vielfältige Weise auf dem 5G zu versklaven und andere sich entwickelnde Netzwerke.

- 2. Fahrlässigkeit und Mitschuld an Verfolgung und Völkermord an Millionen in China gemäß Artikel 1, 2, 3 und 4 der Völkermordkonvention und 18 USCA § 1091 § 1091. Völkermord, nicht beschränkt auf demokratische Aktivitäten, Falun Dafa-Praktizierende, Christen, Uiguren, Tibeter, Journalisten, Richter, Anwälte und Akademiker in China.
- 3. Übertragung und Bereitstellung von Wissen, Daten, Fähigkeiten und Technologien zur Bewaffnung künstlicher Intelligenz, Quantencomputer, Maschinen, Robotik, 5G, Bio-Metrik, Kybernetik, Bio-Engineering, IoT, Computer Vision, an China, Chinas Regierung und ihre Unternehmen, und Human Tracking Technology und Technologie, die China Zugang zu künstlicher allgemeiner Intelligenz oder künstlicher Superintelligenz verschafft, die die Welt und die gesamte Menschheit gefährdet, einschließlich KI-Waffen für Attentate. In Verletzung des Gesetzes über Rüstungsbruch und Abrüstung [22 USC 2551] und des Foreign Assistance Act von 1961 in der jeweils gültigen Fassung [22 USC 2151, 22

US-Code § 2752. Koordinierung mit der Außenpolitik, 22 US-Code § 2753. Berechtigung für Verteidigungsdienste oder Verteidigungsartikel, 22 US-Code § 2754. Zwecke, für die militärische Verkäufe oder Pachtverträge durch die Vereinigten Staaten zulässig sind; Bericht an den Kongress, Rüstungskontroll- und Abrüstungsgesetz von 1961 , 22 USC § 2551 , Atomgesetz von 1954 , 42 USC §§ 2011-2021, 2022-2286i, 2296a-2297h-13,

- 4. Bereitstellung von KI, Gesundheitsdaten und biometrischen Technologien für China und chinesische Unternehmen zur Überwachung, Verfolgung, Jagd, Quarantäne, Gefangennahme, Festnahme, Folter, Konzentrationslager, Organraub und Organhandel, die zum Tod der Chinesen beigetragen haben Bürger, darunter Falun Dafa-Praktizierende, Uiguren, Demokratieaktivisten, Christen, Tibeter, Justizvertreter, Professoren, Journalisten und Minderheiten, die nicht auf Geschlecht, Rasse, politische Zugehörigkeit, Glauben oder Personen mit Wohnsitz in China beschränkt sind. Gleiche Verletzung der Tatsachen Nr. 2 und 3.
- 5. Bereitstellung von Gesichtserkennung, Spracherkennung, Körpererkennung, Skeletterkennung, Erkennung lebenswichtiger Organe, Emotionserkennung, Haut- und Gesundheitsbiometrie und anderer KI-Technologie für die chinesische Regierung, ihre Unternehmen und schändlichen Organisationen, die zu Verfolgung, Folter und Organraub führte, Tod und Einäscherung von Menschen in China, nicht nur Uiguren, Falun Dafa, Christen, Tibeter,

Demokratieaktivisten, Richter, Anwälte, Bürger und andere Minderheitengruppen. Gefährdung der Welt durch Bewaffnung der KI-Fähigkeiten Chinas, die auf der One Belt One Road (BRI) zwischen Asien, dem Nahen Osten, Afrika und Europa liegen und die gesamte Menschheit gefährden. Gleiche Verstöße gegen die Tatsachen Nr. 1, 2 und 3.

- 6. Falsche Darstellung der Welt und Täuschung der USA über Googles Aktivitäten in China und deren Technologietransfers, die zu Chinas Fortschritten bei der Quanten-KI, Überwachung, Missbrauch, Folter, Konzentrationslagern und Mord an den eigenen Bürgern beigetragen haben. Gleiche Verstöße gegen die Tatsachen Nr. 1, 2 und 3.
- 7. Bereitstellung von Gesundheits-, biometrischen, finanziellen und sozialen Netzwerkdaten von Amerikanern und der Weltbürgerschaft, die in den Händen der chinesischen Regierung liegt und die Welt und alle ihre Völker im 5G-Netzwerk gefährdet.
- 8. Schaffung einer miteinander verbundenen Plattform zwischen Facebook, Google, Alphabet, allen Einheiten unter Neuralink und DeepMind, die es einem digitalen Gehirn ermöglicht, eine Verbindung zum Internet, allen digitalen und bio-digitalen Netzwerken, menschlichen Körpern, Maschinen, Robotern, IoTs und Augmented herzustellen Realität, virtuelle Realität, gemischte Realität, Hologramme und andere Technologien, die zur Überwachung, Verfolgung, Manipulation, Kontrolle, Social Engineer, Re-Engineering, Reprogrammierung, Gehirnwäsche, Jagd, Quarantäne, Drohung, Verhaftung und Begehung eines kulturellen

Völkermords verwendet werden können und Menschen durch Maschinen, bio-digitale KI, digitale KI und Robotik zu töten, die mit 5G, 6G und anderen Netzwerken und Unternehmenskommandozentralen verbunden sind

- 9. Schaffung von Plattformen, die kurz vor der Entwicklung der künstlichen allgemeinen Intelligenz und der nachfolgenden Superintelligenz stehen und außerhalb der Kontrolle der Menschen liegen, die bei Neuralink, Alphabet, DeepMind, Google, Facebook oder Regierungen arbeiten.
- 10. Verstoß gegen Artikel 1, 2, 3 und 4 der Genozid-Konvention zur Waffe gegen Chinas künstliche Intelligenz, Gesichts-, Sprach- und andere biometrische Technologien, die bei chinesischen Bürgern angewendet wurden. Nicht auszuschließen sind genetische Experimente an Menschen in chinesischen Konzentrationslagern, einschließlich hybrider menschlicher Experimente in den Konzentrationslagern.
- 11. Einführung, Planung, Förderung und Beteiligung an physischem und kulturellem Völkermord an der Menschheit durch Ersetzen ihrer Betriebssysteme für neuronale Netze durch künstliche Intelligenz und Maschinen, Verschmelzung von Menschen mit Maschinen unter Vernetzung des Internets, Förderung interner technischer Experimente von Angeklagten und Konsumgütern; von den Angeklagten direkt und indirekt zur Verfügung gestellt und an die Öffentlichkeit übertragen.
- 12. Neuprogrammierung und Social Engineering geisteswissenschaftlicher Gedanken und Gehirnchemie über KI-Algorithmen im Internet, in sozialen Medien, Apps, Smartphones, IoT, Computern, tragbaren Geräten,

implantierter Technologie, virtueller Realität, erweiterter Realität, gemischter Realität, Hologrammen und alternativer Realität . Sie informieren und erklären der Menschheit nicht, dass ihre Gehirnchemie durch eine replizierende Software verändert wird, wenn sie sich mit den Produkten und Dienstleistungen der Angeklagten befassen, und dass ihre Gedanken und Handlungen nicht von Smartphones, Apps und IoT in Verbindung mit den Netzwerkplattformen manipuliert und gesteuert werden können , Technologien und Initiativen Google, Alphabet, Facebook, Neuralink, DeepMind und Tesla bieten und stellen sie der Öffentlichkeit vor, wodurch diese Technologiegiganten die vollständige Kontrolle und den Einfluss auf die Amerikaner und die Menschheit erlangen.

- 13. KI-Waffe durch Nutzung von biometrischen und Social-Media-Daten aus den Geisteswissenschaften und Missbrauch der Technologie durch Kontrolle der menschlichen Rasse und ihrer Gedanken durch Social Engineering und bio-digitale soziale Programmierung unter Verwendung der biometrischen Systeme der Menschen über Google und Facebooks Ökosysteme, Codierung , Ungerechtigkeit von Algorithmen, unter Verwendung von Social-Media-Daten, deren Emotionen, Waffen des Internets, Smartphones, IoTs und Computern, wodurch menschliche Gedanken und die Menschheit auf globaler Ebene gegen ihren freien Willen und ihr Wissen kontrolliert werden. Die Öffentlichkeit nicht darüber zu informieren, dass ihre Abhängigkeit von Smartphones auf Frequenzen und Software für künstliche Intelligenz zurückzuführen ist, die von den KI-Systemen und -Geräten ausgehen, die sich mit den neuronalen Netzen des Menschen verbinden, einen symbiotischen Prozess erzeugen und sie zu einem Cyborg machen, abhängig, abhängig, gesteuert und programmiert durch die Produkte und Dienstleistungen von Google, Facebook, Alphabet, Deep Mind, Tesla und Neuralink. Im Wesentlichen wird die gesamte Menschheit über ihre Biometrie-, Biologie- und digitalen Selbst-Betriebssysteme für neuronale Netze in einen Zustand der Beziehung zwischen Haustieren und Besitzern versetzt. Der Eigentümer ist die künstliche schmale Intelligenz, andere KI-Formen, die von den Unternehmen, Organisationen und persönlichen Initiativen des Beklagten in ihren Unternehmen bereitgestellt werden, sowie Maschinen, die in den biometrischen Systemen des Menschen tätig sind.

- 14. Nachlässigkeit bei der Fairness von Algorithmen, die es Hassreden, Fehlinformationen und Verleumdungen ermöglicht, Google-Suchmaschinen in Zweifel zu ziehen, um die Menschen in der Welt darüber zu informieren, dass Millionen Menschen Organhandel, Organraub, Konzentrationslager, Folter und Missbrauch ausgesetzt waren und dass die Risiken der künstlichen Intelligenz vielfältig und enorm sind.
- 15. Schreiben von Code und Erstellen von Algorithmen, die sich mit kulturellem Völkermord befasst haben und derzeit befassen, einschließlich der Einführung von Kybernetik und Robotik sowie der Schaffung eines Ökosystems, das es Beastiality ermöglicht, in Googles Suchmaschinen zu existieren und an vorderster Front zu stehen, was sich auf

Gesellschaften und die Biometrie von Jugendlichen auswirkt System nach dem Betrachten der Videos und Artikel über ihre Smartphones und Computer, Beeinflussung ihrer Gedanken durch ihre biometrischen Systeme, Vorbereitung der nächsten Generation, diese Art von Verhalten mit der Einführung und dem Experimentieren von Biotechnik und Kybernetik zu degenerieren und zu akzeptieren.

- 16. Forschung und Entwicklung von Alphabet, Facebook, Google, DeepMind, Nueralink und anderen Unternehmen im Silicon Valley haben Algorithmen und Kodierungen entwickelt, die die Gehirnwäsche der Menschheit durch Social Engineering und bio-digitale soziale Programmierung unterstützen, fördern und erreichen, die die die Menschheit in ihrer Gesamtheit durch die Verbindung ihrer Plattformen, sozialen Medien und Technologien, die in physischem und digitalem Format an die Gesellschaft verteilt werden.
- 17. Code schreiben und Algorithmen haben, die Liberale und Konservative dazu veranlassten, ihren Hass füreinander über ihre biometrischen Systeme und Emotionen exponentiell zu steigern, während sie an Smartphones, IoTs, Apps, digitale Medien, Google, Facebook und andere miteinander verbundene Plattformen angeschlossen sind. Verursachen Sie Schaden für die Nation und die Welt und gefährden Sie die Menschheit auf geopolitischer Ebene, indem die Staatsoberhäupter Social Engineering und bio-digitale soziale Programmierung und Kontrolle durch ihre Plattformen durchführen, um die Menschenrechtsverletzungen in China und auf der ganzen Welt zu ignorieren, die sich aus den USA

ergeben Missbrauch des Algorithmus des Angeklagten und KI-Technologien. Implikation, dass die Staats- und Regierungschefs der Welt und ihre Bürger gemäß Artikel 2, 3 und 4 der Völkermordkonventionen angeklagt werden. Dazu gehören der kanadische Premierminister, die Mehrheit der europäischen Staats- und Regierungschefs, und die Führung der Vereinten Nationen, die Medien, die Presse, ihre Reporter und andere, die das Bewusstsein für Menschenrechtsverletzungen in China zensieren oder immer noch zensieren oder dagegen arbeiten. Schreiben von Code und Algorithmen, die Reporter, Medien und die Gedanken und Handlungen der Presse über die normale Manipulation hinaus steuern, die sie von speziellen Interessengruppen, Produzenten oder Freunden erhalten, die sie, andere Reporter und deren abgedeckten Inhalt manipulieren können, und so die Medien für die Entwicklung von Google gegen Waffen einsetzen der freie Wille und das Wissen der Medien.

- 18. Nachlässigkeit bei Google und Facebooks Die Ungerechtigkeit des Algorithmus führte dazu, dass Liberale und Konservative über die vernünftige Norm hinaus miteinander in Konflikt gerieten und sich gegenseitig bekämpften und ihre Gedanken und Emotionen über ihre biometrischen Systeme beeinflussten, die durch künstliche Narrow-Intelligence-Systeme in den Smartphones und im Internet gesteuert und verbessert wurden Apps, die teilweise durch Voreingenommenheit und hasserfüllte Inhalte entstanden sind und zu Spaltung und unangemessenem Hass unter Amerikanern und den Menschen auf der Welt geführt haben.

- 19. Die durch Missbrauch und Nachlässigkeit von Algorithmen in Facebook und Google verursachte Spaltung behinderte und verzögerte die Bemühungen der US-Regierung, China rechtzeitig unter Druck zu setzen, um mehr Menschen vor Konzentrationslagern, Tod und Einäscherung zu retten, zusätzlich zu den nationalen Sicherheitsbedenken, die die Amerikaner und die USA betreffen Weltbürgerschaft. Dies ist nicht auf die Trump-Administration beschränkt, sondern betrifft auch die Obama- und Bush-Administration. Google hat Amerika und China zwei Jahrzehnte lang auf geopolitischer Ebene verletzt. Google ist zusätzlich zur Mitschuld an Artikel 2, 3 und 4 der Völkermordkonvention schuld.
- 20. Maskierung von Posts und Artikeln der KI-Organisation, die das Bewusstsein für Menschenrechtsverletzungen in China auf der Facebook-Plattform schärfen sollen. Von Cyrus A. Parsa erstellte Maskierungsinhalte sollen Menschen vor Gefahren im Zusammenhang mit Menschenrechtsverletzungen im Zusammenhang mit künstlicher Intelligenz bewahren. Verbot des Buches „KI, Trump, China und die Waffe der Robotik mit 5G“ für Werbung und Maskierung von Beiträgen von Personen, die im Auftrag der KI-Organisation arbeiten. Maskieren von Posts des Buches „Gefahren der künstlichen Intelligenz für die Menschheit“ auf Facebooks Plattformen und Maskieren anderer Posts von The AI ??Organization, geschrieben von Cyrus A. Parsa. Diese Beiträge bezogen sich auf China,

Taiwan, Hongkong, Iran, Big Tech, Google, 5G, Robotik, Drohnen und Bio-Metrics-Bedrohungen und die Versklavung der Menschheit. Die Masken wurden kürzlich veröffentlicht, nachdem sie unter Druck und Kontrolle geraten waren.

- 21. Code schreiben und Algorithmen aufrechterhalten, die eine extreme Menge an Pornografie, gewalttätiger Pornografie und Andeutung von Vergewaltigung und Prostitution verbreiten, Frauen, junge Mädchen verunglimpfen, geisteswissenschaftliche Gedanken und familienbasierte Konzepte traditioneller gesundheitsbasierter Ethik über ihre biometrischen Systeme verändern Dies trägt zu Vergewaltigung, Sex und Menschenhandel sowie zu zerbrochenen Familien bei.
- 22. Entwicklung von Code, Algorithmen und Ökosystemen, die eine Generation von biometrischen Strukturen und Gehirnchemien neu programmieren, um sie von Google und jeder anderen Technologiebranche mit ähnlichen Plattformen, die auf verschiedenen Arten künstlicher Intelligenz arbeiten, biologisch digital zu steuern, einschließlich Künstliche schmale Intelligenz.
- 23. Entwicklung von Code, Algorithmen und Ökosystemen, die ein sekundäres digitales Gehirn im Gehirn von KI-Wissenschaftlern geschaffen haben, das unterwürfig, kontrolliert und programmiert ist, um Plattformen von Google, Alphabeten, Facebooks und anderen Technologiegiganten zu erstellen, aufrechtzuerhalten, zu fördern und auszubauen. Elon Musk hat auch die Ergebnisse der AI-Organisation

bestätigt, dass Menschen über ihre neuronalen Netze ein sekundäres digitales Gehirn bilden können.

- 24. Entwicklung von Code, Algorithmen und Ökosystemen, die ein sekundäres digitales Gehirn im Gehirn aller Menschen schaffen, das die Person daran hindern kann, zu erkennen, dass sie kontrolliert wird, und jegliche biologische Resistenz gegen KI-Kontrolle oder die angeborene Fähigkeit des menschlichen Körpers, dem zu widerstehen, umgeht Bildung einer symbiotischen und parasitären Beziehung zu KI-Software und kybernetischer Hardware über ihre rationale Denkstruktur in ihrem Gehirn.
- 25. Die Verbraucher nicht darüber zu informieren, dass ein Teil der Ziele der Angeklagten für AGI (Künstliche Allgemeine Intelligenz) und ASP (Künstliche Superintelligenz) religiöse Ziele hat, die für die gesamte Menschheit gefährlich sein können, einschließlich der Versuche, AGI abzurufen oder nach dem inneren Funktionieren der zu fragen „Simulation", was, wann, wie und von wem die Simulation gebildet wurde und was sich außerhalb davon befindet. Neuralink, Google, Alphabet, Facebook, Tesla und DeepMind haben sich noch nicht als religiöse Institution registriert, engagieren sich jedoch unter dem Dach der Wissenschaft für Religion. Tatsächlich haben sie ihre Unternehmen zu religiösen Institutionen mit Endzielen gemacht, die mit den meisten Religionen identisch sind. Der Angeklagte und seine Unternehmen versuchen, ihre technologischen Entwicklungen als Gott zu behandeln, indem sie alle biometrischen Daten und Daten der Geisteswissenschaften verwenden und sie mit ihrem Quantum

verbinden. Roboter- und maschinenbasierte KI-Technologie und laden ihr digitales Selbst in andere Körper, Netzwerke oder Maschinen hoch, um die Überzeugungen eines Geistes oder einer Seele nachzuahmen. Tatsächlich erklärte Elon Musk in einem Interview, dass er KI bis zu einem gewissen Punkt entwickeln möchte, dass dies „ihm die Antworten auf die Simulation geben könnte". Elon Musk ist mit dem Risiko einverstanden, dass ein AGI oder eine künstliche Superintelligenz Schurke wird, die Menschheit tötet oder gehackt wird, aber so klug er auch ist, er versteht nicht, dass die Computertechnologie, die AGI und ASI haben würden, dies tun würde nicht über das Niveau von Atomen hinausgehen, um mehr mikroskopische Partikel in ihrer Ebene zu beobachten, daher sind alle Antworten auf seine gesuchten Fragen zur Simulation begrenzt, und das Bestreben eines AGI oder ASI gefährdet die Menschheit. Es gibt einen alternativen Weg, um seine Antworten zu erhalten, nämlich 100%.

- 26. Die Angeklagten haben KI-Systeme geschaffen, die geistes-, sprach- und andere biometrische Informationen der Geisteswissenschaften aufnehmen und entschlüsseln können, ob sie gegen KI resistent sind, ihrer Kontrolle unterliegen, atheistisch sind oder einen Glauben haben. Diese Technologie kann es KI oder jeder Entität, die KI verwendet, ermöglichen, Ziele zu verfolgen, zu profilieren, zu jagen und zu töten, die sie als resistent gegen ihre Kontrolle oder als resistent gegen KI erachtet. Dies kann mit Drohnen, Maschinen, Robotern oder Giftabgabesystemen wie dem mikrobotischen Terrorismus geschehen.

Alle Anklagen von 1 bis 26 haben zu einem von der kommunistischen Regierung Chinas angeführten Völkermord in China geführt, und alle Anklagen von 1 bis 16 verstoßen gegen die in den Fakten 1, 2 und 3 genannten Strafgesetzbücher.

Alle Anklagen haben und führen zum kulturellen Völkermord in Amerika und auf der ganzen Welt, der die gesamte Menschheit gefährdet, in eine Phase des kulturellen und physischen Völkermords einzutreten, indem künstliche Intelligenz, 5G, Robotik, Maschinen, Drohnen und intelligente Städte miteinander verbunden werden, was Nachlässigkeit und Missbrauch durch die USA betrifft, Hauptplattformen und Unternehmen von Google, Facebook, Alphabet, DeepMind, Neuralink, John Does und deren Führung. Dies schließt andere Spieler wie Amazon und Microsoft sowie die sehr vielen chinesischen Unternehmen, die von diesen westlichen Unternehmen geschult wurden, nicht von Schuld aus.

Um mehr über die Gefahren aus China und Big Tech AI zu erfahren, lesen Sie folgende Bücher:

- Kindle | ARTIFICIAL INTELLIGENCE Dangers to Humanity: AI, U.S., China, Big Tech, Facial Recogniton, Drones, Smart Phones, IoT, 5G, Robotics, Cybernetics, & Bio-Digital Social Programming
- Kindle | Paperback | AI, TRUMP, CHINA & THE WEAPONIZATION OF ROBOTICS WITH 5G: How China, Western AI and Robotics Corporations Pose the Greatest Threat to People through ... & Why the World Needs to Support Trump

- Kindle | RAPED Via BIO-DIGITAL SOCIAL PROGRAMMING: How Most American, Asian, Latin, African, Indian and European Girls Are Raped Via Bio-Digital Social Programming from Socialism's Rape-Mind

III. Original:[3]

JS 44 (Rev. 12/12) CIVIL COVER SHEET FILED The !S 44 civil cover sheet and the i!}formation contained herein neither replace nor supplement the filing and service of pl adin~s r other papers as tfuired provided b)'. l?~al. rules of_C(?Urt, This form. approved by the Judicial ~onfcrence of the United .States in September I 974, i require foi;JJie use Q(Ui; :1eJ.1~fel<'t /; tf11'/1 (IN U.S. PLAINTIFF CASES ONLY) (EXCEPT I N U.S. PLAIN1'/FFCASES) (c) Attorneys (Firm Nome, A.ddre.u, ond_Telephone Number) NOTE: IN LANO CONDEMNATION CASES, USE THE LOCATION OF THE TRACT OF LAND INVOLVED. Attorneys (]/Known) '19CV2407 CAB AHG II, BASIS OF JURISDJCT[ON (Place an "X" in One Box Only) III. CITIZENSHIP OF PRINCIPAL PARTIES (Pin" an "X" in on, Bax fa, l'laimiff • I U.S. Government I!'I 3 Federal Question Plaintiff (U.S. Govemmenf Nor a Party) • 2 U.S. Govemment • 4 DiverSity Defendant (Indicafe Citizenship of Parties in Irem III) IV, NATURE OF SUIT (P/a"an "X" in One Box On/ • I 10 Insurance PERSONAL INJURY 0 120 Marine O 310 Airplane • 130 Miller Act O 315 Airplane Product 0 140 Negotiable Instrument Liability CI ISO Recovery ofOverpayment () 320 Assault, Libel & & Enforcement of Judgment Slander 0 IS I Medicare Act O 330 Federal Employers' 0 152 Recovery ofDefaulted Liability Student Loans O 340 Marine (Exclu<;les Veterans) 0 345 Marine Product 0 153 RecoveryofOverpayment Liability of Veteran's Benefits O 350 Motor

---

[3] Vgl. https://digitalcommons.law.scu.edu/cgi/viewcontent.cgi?article=3104&context=historical

Vehicle 0 160 Stock.holders' Suits O 355 Motor Vehicle 0 I IJO Other Contract Product Liability CJ 1~5 Contract Product Liability • 360 Other Personal CJ 196 f'ranchise Injury • 210 Land Condemnation 0 220 Foreclosure 0 230 Rent Lease & Ejectment 0 240 Torts to Land 0 245 Tort Product Liability 0 290 All Other Real Property 0 362 Personal lajury - Medical Mal ractice 40 OLher Civil Rights 0 441 Voting 0 442 En1ployment 0 443 Housing/ Accommodations 0 445 Amer. w/Disabilities • Employment O 446 Amer. w/OisabilitiesOther • 448 Education V. ORIGIN (Place an "X"inOneBoxOnly) PERSONAL INJURY 0 36.5 Personal Injury - Product Liability • 367 Health Care/ Phannaceutical Personal Injury Product Liability 0 368 Asbestos Personal Injury Product Liability PERSONAL PROPERTY 0 370 Other Fraud • 371 Truth in Lending 0 380 Other Personal Property Damage 0 385 Property Damage Product Liability Habeas Corpus: CJ 463 Alien Detainee 0 510 Motions to Vacate Sentence 0 530 General O 535 Death Penally Other: 0 S40 Mandamus & Other 0 550 Civil Rights C'J 555 Prison Condition 0 560 Civil Detainee - Conditions of Confinement (For DJversity Coses Only) PTF and One IJoxfor /Jefendanl) PTF DEF Citizen of This State O 1 DEF • I Incorporated or Principal Place of Business In This State • 4 0 4 Citizen of Another State • 2 0 2 Incorporated and Principal Place C'.J 5 0 S of Business In Another State Citizen or Subject of a Foreiim Coun••" 0 3 0 3 Foreign Nation 0 625 Drug Related Seizure ofProperty2l USC881 0 690 Other O 710 Fair Labor Standards Act 0 720 Labor/Management Relations 0 740 Railway Labor Ac! 0 751 Fan;iily and Medical Leave Act CJ 790 Other Labor Litigalion 0 791 Employee Retirement Income Security Act 0 462 Naturalization Application 0 465 01her Immigration

Actions o 422 Appeal 28 use 158 • 423 Withdrawal 28 USC 157 • 820 Copyrights 0 830 Patent 0 840 Trademark 0 861 HIA(l395ffi 0 862 Black Lung (923) • 863 DIWC/DIWW (405(g)I, CJ 864 SSID Title XVI • 865 RSI (40S(g)) 0 870 Taxes (U.S. Plaintiff or Defendant) 0 871 IRS-Third Party 26 USC 7609 • 6 0 6 0 375 False Claims Act 0 400 State Reapportionment 0 4 IO Antitrust 0 430 Banks and Banking 0 450 Commerce 0. 460 Deportatioii 0 470 Racketeer Influenced and Corrupt Organ.izations O 4BO Consumer Credit 0 490 Cable/Sat TV 0 850 Securities/Commodities/ fachange a 890 Other Statutory Actions 0 891 Agricultural Acts a 893 Environmental Matters 0 895 Freedom of Information Act 0 896 Arbitration 0 R99 Administrative Procedure Act/Review or Appeal Or Agency Decision 0 950 Constitutionality of State Statutes)DI I Original O 2 Removed from Proceeding State Court 0 3 Remanded from Appellate Court 0 4 Reinstated or Reopened • 5 Transferred from Another District (.'> ecJ ~ 0 6 Multidistrict Litigation Cite the U.S. Civil Statute under which you are filing (Do not cite jurisdictional statutes unless diver.dty): VI. CAUSE OF ACTION I,;B,..,i,..ef::-d:-es-c""rip-u"'·o-n-of"°c_a_us-e:

________________________________ ----. Endangering Humanity, Misuse of Artificial Intelligence, Negligence, Article 2 and 3. Compllc1ty Genocide Convent11,r VII. REQUESTED IN COMPLAINT: 0 CHECK IF THIS JS A CLASS ACTION DEMANDS CHECK YES only if demanded in complaint: UNDER RULE 23, Г.R.Cv.Г. 2.3 Trillion JURY DEMAND: • Yes)!II No VIII. RELATED CASE(S) IFANY DATE ~ b - \~ F ROFFI EUSEONLY RECEIPT # AMOUNT (See instructions): JUDGE APPLYING IFP ----- -------- DOCKET NUMBER YOFRECORD JUDGE MAG.JUDGE --------

Case 3:19-cv-02407-CAB-AHG Document 1 Filed 12/16/19 PageID.1 Page 1 of 50 1 Cyrus A. Parsa, The AI Organization 4275 Executive Square Suite 200 2 La Jolla, California, 92037 Phone Number (805-996-0135) 3 Email: Consult@theaiorganization.com Cyrus A. Parsa, The AI Organization, PRO SE, FILED Dec162019 I CLERK, U.S. DISTRICT COURT SOUTHERN DISTRICT OF CALIFORNIA BY st soniad DEPUTY 4 5 6 7 8 UNITED STATES DISTRICT COURT SOUTHERN DISTRICT OF CALIFORNIA 9 10 11 The AI Organization, Inc, Cyrus A. Parsa, Victims of) . Case No.: '19CV2407 CAB AHG Persecution, Rape, Torture, Concentration Camps, 12 Sex, Human and Organ Trafficking and Organ Harvesting in China, Hong Kong, America and Around) 13 the World, not limited to democracy activists, Falun COMPLAINT: Dafa Practitioners, Uyghurs, Christians, Tibetans, } 14 Judges, Lawyers and Journalists tortured and killed in China. John Does 1-Unlimited) 15 16 17 Plaintiff(s), vs. Google L.L.C, Facebook Inc, DeepMind Inc, Alphabet 18 Inc, Neuralink Inc, Tesla Inc, Larry Page, Sergey Brin, I Sundar Pichai, Mark Zuckerberg, Elon Musk, CISON "} 19 PR Newswire & John Doe's 1-29 Defendant(s). (1)MISUSE OF ARTIFICIAL INTELLIGENCE, CYBERNETICS, ROBOTICS, BIOMETRICS, BIOENGINEERING, 5G AND QUANTUM COMPUTING TECNNOLOGY (2)ENDANGERING THE HUMAN RACE WITH THE MISUSE OF ARTIFICAL INTELLIGENCE TECHNOLOGY (3)TRANSFER OF AI WEAPON 20 21 22 23 24 25 26 27, 28) TECHNOLOGY TO CHINA I (4)COMPLICTY IN GENOCIDE, CHINA -1- (5)VIOLATION OF ARTICLE 1 GENOCIDE CONVENTION (6)VIOLATION OF ARTICLE 2 GENOCIDE CONVENTION, (?)VIOLATION OF ARTICLE 3 GENOCIDE

CONVENTION, INSERT DOCUMENT TITLE {e.g., MOTION TO STRIKE) Case 3:19-cv-02407-CAB-AHG Document 1 Filed 12/16/19 PageID.2 Page 2 of 50 1 2 3 4 5 6 7 8 9 10 11 12 13 14 15 16 17 18 19 20 21 22 23 24 25 26 27 28 - 2 - (8)VIOLATION OF ARTICLE 4 GENOCIDE CONVENTION, (9)SOCIAL ENGINEERING OF THE HUMAN RACE WITH ARTIFICAL INTELLIGENCE (10)BIO-DIGITAL SOCIAL PROGRAMMING OF THE HUMAN RACE BY USE OF THEIR BIOMETRICS & ARTIFICIAL INTELLIGENCE (11)BRAIN WASHING HUMANITY WITH A.I. CODING & ALGORITHM BIAS (12) CULTURAL GENOCIDE BY MISUSE OF ARTIFICIAL INTELLIGENCE (13)BREACH OF IMPLIED COVENANT OF GOOD FAITH AND FAIR DEALING (14)DEFAMATION (15)NEGLIGENT INFLICTION OF EMOTIONAL DISTRESS (16)NEGLIGENT CREATION OF NAFARIOUS AI TECHNOLOLGY 17)MASKING GENOCIDE WITH AI TECHNOLOGY 18)FRAUD AND INTENTIONAL DECEIT (19)NEGLIGENT MISPREPESENTATION (20)RELIGIOUS DISCRIMINATION (21)FAILURE TO ENGANGE IN INTERACTIVE PROCESS (22) A.I. CENSORSHIP and Banning "AI, Trump, China & the Weaponization of Robotics with 5G" and Masking "Artificial Intelligence Dangers to Humanity" with use of Artificial Intelligence (23) AI ALGORITHM MISUSE & AI algorithmic biometric manipulation INSERT DOCUMENT TITLE (e.g., MOTION TO STRIKE) Case 3:19-cv-02407-CAB-AHG Document 1 Filed 12/16/19 PageID.3 Page 3 of 50 1 2 3 4 5 6 7 8 9 10 11 12 24)BREACH OF PRIVACY (25)VIOLATION OF THE NUREMBURG CODE (26) CREATING AN ARTIFICIAL INTELLIGENCE SYSTEM THAT CAN RECOGNIZE AND DECODE IF HUMANS ARE

RESISITANT TO ARTIFICIAL INTELLIGENCE DEMAND FOR TRIAL BY JUDGE 13 14 I. RELATED CASES a. Do you have other Civil Case(s) in this or any other federal court? NO 15 16 17 18 19 II. STATEMENT OF CLAIM CASE SUMMARY FACTS Endangering Humanity with the misuse of Artificial Intelligence, Complicity in Genocide, and Aiding in Physical Genocide inside of 20 China by transferring AI Technology, Engaging in Cultural Genocide of Humanity, & Controlling and programming the Human Race by Social Engineering via AI coding and AI algorithmic biometric manipulation 21 22 2l, Endangering and Threatening all of the world's citizens, and humanity by misusing and weaponizing Artificial Intelligence, Quantum Computing, 24 Robotics, 5G, Machines, Smart Phones, Smart Homes, Smart Cities, IoT's, 25 Holograms, Mixed Reality, Nano-Technology, Cloning, Gen-Editing, Cybernetics, Bio-Engineering, and the creation of a digital AI Brain linked to 26 Google's Search engine with the use and extraction of humanities bio-Metrics 27 data, digital bio-metric codes including facial, voice, health, organ, neural network and body recognition technology. Thus, controlling humanities 28 thoughts, actions, biology, bio-metrics, brain neural pathways, the human - 3 - INSERT DOCUMENT TITLE (e.g., MOTION TO STRIKE) Case 3:19-cv-02407-CAB-AHG Document 1 Filed 12/16/19 PageID.4 Page 4 of 50 1 bodies neural networks that reprograms all human beings through social 2 engineering and bio-digital social programming, without their consent, knowledge, understanding, or free will. Extracting humanities digital 3 footprints in breach of the Nuremberg Laws, FTC Act (15 U.S.C. §§ 41-58 4 and Engaging in irresponsible and unsafe Research and development of Artificial General Intelligence or Artificial Super Intelligence that could enslave 5 or kill off humanity or give the power to the defendants to enslave humanity in 6 numerous ways on the 5G and other developing networks. 7 8 9 10 11 12 13 14 15 16 17 18 19 20 21 22 23 24 25 26 27 28 2. Negligence and Complicity in Persecution and Genocide of millions in China, per Article's 1, 2, 3 and 4 of the Genocide Convention, and 18 U. S: C.A. § 1091 § 1091. Ge}focide, not.tim'it~cf, to Democracy Activits, Falun Dafa Practitio11eis, .. Chf:i~tia11s, Oyghurs, Til:f~ttJ.nsr Journalists, Judges, Lawyers, and Academic$ tHside.ofChlna. 3. Transferring and Providing to China, China's Government and its Companies, knowledge, data, capabilities and technology to weaponize Artificial Intelligence, Quantum Computing, Machines, Robotlcs, 5G, Blo-Metrlcs, Cybernetics, Bio-Engineering, lo T's, Computer Vision, and Human Tracking Technology, and technology that can give China access to Artificial General Intelligence or Artificial Super Intelligence, that endangers the world, and all of humanity, including AI weaponry for assassination. In violation of Breach of Arms Control and Disarmament Act [22 U.S.C. 2551 and Foreign Assistance Act of 1961, as amended [22 U.S.C. 2151, 22 U.S. Code§ 2752.Coordination with foreign policy, 22 U.S. Code § 2753. Eligibility for defense services or defense articles, 22 U.S. Code§ 2754. Purposes for which military sales or leases by the United States are authorized; report to Conqress, Arms Control and Disarmament Act of 1961, 22 U.S.C. § 2551, Atomic Energy Act of 1954, 42 U.S.C. §§ 2011-2021, 2022-2286l, 2296a-2297h-13, -4- INSERT DOCUMENT TITLE (e.g., MOTION TO STRIKE) Case 3:19-cv-02407-CAB-AHG Document 1 Filed 12/16/19 PageID.5 Page 5 of 50 1 ~- Providing to China and Chinese Companies, AI,

Health Data and Bio-Metric 3 Technology used for surveillance, tracking, hunting, quarantine, capture, 4 arrest, torture, concentration camps, organ harvesting, and organ trafficking that contributed to the death of Chinese Citizens, including Falun Dafa s Practitioners, Uyghurs, Democracy activists, Christians, Tibetans, judicial 6 representatives, professors, journalists, and minority groups, not limited to any gender, race, political affiliation, faith, or persons residing in China. 7 Same violation of fact numbers 2 and 3. 8 9 10 11 1~. Providing to China's government, their corporations and nefarious entities, 13 Facial Recognition, Voice Recognition, Body Detection, Skeleton Detection, Vital Organ Recognition, Emotion detection, Skin and Health Biometric and 14 other AI technology that led to persecution, torture, organ harvesting, death 15 and cremation of human beings in China, not limited to Uighur, Falun Dafa, Christian, Tibetan, Democracy activists, judges, attorneys, common citizens 16 and other minority groups. Endangering the world by Weaponizing China's AI 17 Capabilities that is be laid on the (BRI) One Belt One Road linking Asia, Middle East, Africa and Europe, endangering all of humanity. Same violations 18 of facts number 1, 2 and 3. 19 20 6. Misrepresenting to the world and deceiving the U.S on Google's activities in 21 China and their technology transfers that contributed to China's Quantum AI 22 advancements, surveillance, abuse, torture, concentration camps and murder of its own citizens. Same violations of facts number 1, 2 and 3. 23 24 2'!. Providing health, bio-metric, financial and social network data of Americans, 26 and the world citizenry that is in the hands of the Chinese government, endangering the world and all its peoples on the 5G network. 27 28 - 5 - INSERT

DOCUMENT TITLE (e.g., MOTION TO STRIKE) Case 3:19-cv-02407-CAB-AHG Document 1 Filed 12/16/19 PageID.6 Page 6 of 50 IB. Creating an interconnected platform between Facebook, Google, Alphabet, 2 all entities under Neuralink, and DeepMind that allows for a digital brain to connect to the internet, all digital and bio-digital networks, human bodies, 3 machines, robotics, IoT's, Augmented Reality, Virtual Reality, Mixed Reality, 4 Holograms and other technologies, that can be used for surveillance, to track, manipulate, control, social engineer, re-engineer, reprogram, brain wash, 5 hunt, quarantine, threaten, arrest, commit cultural genocide, and kill human 6 beings by machines, Bio-Digital AI, Digital AI, and robotics connected to the 5G, 6G and other networks and corporate command centers. 7 8 i. Creating platforms that Is on the verge of developing Artificial General Intelligence and the Subsequent Super Intelligence that will be beyond the 10 control of the human beings working at Neuralink, Alphabet, DeepMind, 11 Google, Facebook or governments. 12 13 1 In violation of Article 1, 2, 3 and 4 of the Genocide Convention for 14 weaponizing China's Artificial Intelligence, Facial, Voice and Other Bio-Metric 15 technology that were used on Chinese citizens. Not to exclude genetic experimentation of human beings in Chinese concentration camps, including 16 hybrid human experiments within the concentration camps. 17 18 1 i Introducing, planning, promoting and engaging in physical and cultural genocide to humanity by replacing their neural network operating systems 20 with Artificial Intelligence and Machines, merging humans with machines with the interconnection of the internet, internal tech experimentations of 21 defendants and consumer products promoted, provided and transferred by 22 the defendants to the public directly and indirectly. 23 24 1 Reprogramming and social engineering humanities thoughts and brain 25 chemistry via AI algorithms in the internet, social media, apps, smart phones, 26 IoT's, computers, wearable devices, implanted technology, virtual reality, augmented reality, mixed reality, holograms, and alternate reality. Not 27 informing and explaining to humanity that their brain chemistry is altered by a 28 replicating software as they engage with the defendants products and services, nor that their thoughts and actions can be manipulated and - 6 - INSERT DOCUMENT TITLE (e.g., MOTION TO STRIKE) Case 3:19-cv-02407-CAB-AHG Document 1 Filed 12/16/19 PageID.7 Page 7 of 50 1 controlled by smart phones, apps and IoT in connection with the network 2 platforms, technologies and initiatives Google, Alphabet, Facebook, Neuralink, DeepMind, and Tesla are providing and introducing to the public, 3 in turn giving these tech giants complete control and influence over 4 Americans, and humanity. 5 ~ Weaponizing AI by Utilizing humanities bio-metric and social media 7 data and misusing the technology by Controlling the Human Race and its thoughts through Social Engineering and bio-digital social programming by 8 using people's bio-metric systems through Google and Facebooks eco 9 systems, coding, algorithm unfairness, with the use of social media data, their emotions, weaponization of the internet, smart phones, lo T's and computers, 10 thus controlling human thoughts, and humanity at a global scale against their 11 free-will and knowledge. Not informing the public that their dependency on smart phones, is due to frequencies and Artificial Intelligence software 12 emitting from the AI systems and devices that is connecting to the neural 13 networks of humans, creating a symbiotic process, making them a cyborg, 14 dependent, reliant, controlled and programmed by the products and services provided by Google, Facebook, Alphabet, Deep Mind, Tesla, and Neuralink. 15 In essence, putting the entire human race in a state of pet and owner 16 relationship, via their bio-metrics, biology, and digital selves neural network operating systems. The Owner being the Artificial Narrow Intelligence, other 17 AI forms, provided by the defendant's companies, organizations and personal 18 initiatives within their companies and Machine Software's operating inside the bio-metric systems of human beings. 19 20 21 2~ Negligence in Algorithm Fairness that allows hate speech, 23 misinformation and slander to cast doubt on google search engines against people's efforts to notify and inform the world's people that millions have been 24 subject to Organ Trafficking, Organ Harvesting, Concentration Camps, 25 Torture, and Abuse and that the risks of Artificial Intelligence is multi-faceted and enormous. 26 27 28 - 7 - INSERT DOCUMENT TITLE (e.g., MOTION TO STRIKE) Case 3:19-cv-02407-CAB-AHG Document 1 Filed 12/16/19 PageID.8 Page 8 of 50 t Writing Code and Creating Algorithms that has been and is currently 2 engaging in cultural genocide including introduction of cybernetics, robotics, and creating an ecosystem that allows for Beastiality to exist and be forefront 3 on Google's search engines, affecting societies, and youth's bio-metrics 4 system after viewing the videos and articles via their smart phones and computers, Influencing their thoughts through their bio-metric systems, paving s the next generation to degenerate and accept this type of behavior with the 6 introduction and experimentation of bio-engineering and cybernetics. 7 ~ Research and Development conducted by Alphabet, Facebook, g Google, DeepMind, Nueralink and other ventures in Silicon Valley have created algorithms and coding that supports, promotes and achieves brain washing of humanity through social engineering and bio-digital social programming, that endangers the human race in its entirety via the interconnection of their platforms, social media, and technology distributed in physical and digital format to society. Writing Code and Having Algorithms that influenced liberals and conservatives to exponentially increase their hate for each other via their bio metric systems and emotions while attached to smart phones, lo T's, apps, digital media, google, Facebook and other interconnected platforms. Causing harm to the nation and the world, and endangering humanity at the geo political level with nation state leaders undergoing social engineering and bio digital social programming and control by their platforms to ignore human rights atrocities in China and around the world stemming from the defendant's algorithm misuse and AI technologies. Implicating world leaders and their citizens to be charged under article 2, 3 and 4 of the genocide conventions. This includes Canadian Prime Minister, the Majority of European Leaders, and the leadership at the United Nation, the media, press, their reporters, and others who have and are still censoring awareness for human rights violations in China or working against it. Writing code and algorithms that controls reporters, media and the press's thoughts and actions beyond the normal manipulation they receive from special interest groups, producers, or friends who may manipulate them, other reporters and their covered content, thus Weaponizing the media for Google's development against the media's free 27 will and knowledge. 28 - 8 - INSERT DOCUMENT TITLE (e.g., MOTION TO STRIKE) Case 3:19-cv-02407-CAB-AHG Document 1 Filed 12/16/19 PageID.9 Page 9 of 50 t Negligence on Google and Facebooks Algorithm unfairness caused 2 liberals and conservatives to conflict and fight each other beyond the reasonable norm, affecting their thoughts and emotions via their bio-metric 3 systems being controlled and enhanced by Artificial Narrow Intelligence 4 systems inside the smart phones and the apps partially formed by bias and hateful content that created division and undue hate among Americans and 5 the people of the world. 6 7 8 ~ Division caused by misuse and negligence of Algorithms in Facebook and Google, hindered and delayed the U.S administrations efforts to pressure 10 China in time to save more people from concentration camps, death and 11 cremation, in addition to national security concerns that impacts Americans and the world citizenry. This is not limited to the Trump Administration, rather 12 it affected the Obama, and Bush administrations as well. Google hurt America 13 and China for 2 decades at a geo-political level. Google is guilty of Article 2, 3 and 4 of the genocide convention, in addition to complicity. 14 15 li Masking posts and articles by The AI Organization, meant to bring 17 awareness to human rights atrocities in China, on Facebooks Platform. Masking Content created by Cyrus A. Parsa meant to save people form 18 dangers pertaining to human rights violations interlinked with Artificial 19 Intelligence. Banning the book "AI, Trump, China & The Weaponization of Robotics with 5G" for advertisement and masking posts of people working on 20 behalf of The AI Organization. Masking posts of "Artificial Intelligence 21 Dangers to Humanity" book, on Facebooks platforms, and masking other posts from The AI Organization written by Cyrus A. Parsa. These posts 22 related to China, Taiwan, Hong Kong, Iran, big tech, Google, 5G, Robotics, 23 Drones, and Bio-Metrics threats to and Enslavement of Humanity. Releasing the Masks recently after coming under pressure and scrutiny. Hiring Chinese 24 who committed espionage and attacked American companies, including The 25 AI Organization and Cyrus A. Parsa, as well as his associates and victims of persecution. 26 27 28 - 9 - INSERT DOCUMENT TITLE (e.g., MOTION TO STRIKE) Case 3:19-cv-02407-CAB-AHG Document 1 Filed 12/16/19 PageID.10 Page 10 of 50 1 2 Writing Code and Sustaining Algorithms that propagate an extreme 3 amount of pornography, violent pornography, and insinuation of rape and 4 prostitution, that denigrates females, young girls, altering humanities thoughts and family based concepts of traditional health based ethics via their bios metric systems, hence, contributing to rape, sex and human trafficking and broken families. 6 7 8 2 Developing Code, Algorithms and Ecosystems that reprogramed a 10 generation of people's bio-metric structure, and brain chemistry to be bio11 digitally controlled by google and every other tech industry with similar platforms that operate on varying types of Artificial Intelligence, including 12 Artificial Narrow Intelligence. 13 14 1 ~ Developing Code, Algorithm's and Ecosystems that created a secondary digital brain inside the brains of AI Scientists to be subservient, 16 controlled and programmed to create, sustain, promote, and grow Google, 17 Alphabets, Facebooks, and other tech giants' platforms. Elon Musk has also confirmed The AI Organization's findings, that humans can have a secondary 18 digital brain formed via their neural networks.

19 20 2 Developing Code, Algorithms and Ecosystems that creates a 21 secondary digital brain inside the brains of all human beings that can prevent 22 the person from recognizing that they are being controlled, and bypassing any biological resistance to AI Control or human bodies innate capability to 23 resist the formation of a symbiotic and parasitical relationships with AI 24 software and cybernetic hardware via their rational thinking structure in their brain. 25 26 27 28 -10 - INSERT DOCUMENT TITLE (e.g., MOTION TO STRIKE) Case 3:19-cv-02407-CAB-AHG Document 1 Filed 12/16/19 PageID.11 Page 11 of 50 :I1 Not informing consumers that part of the defendants goals for AGI 2 (Artificial General Intelligence) and ASP (Artificial Super Intelligence) has religious goals that can be dangerous to all of humanity, including attempts to 3 retrieve or ask AGI about the inner working of the "simulation", what, when, 4 how and by whom the simulation was formed, and what is outside it. Neuralink, Google, Alphabet, Facebook, Tesla, and DeepMind have not 5 registered as a religious institution, yet they are engaging in religion under the 6 umbrella of science. In fact, they have turned their companies, into religious institutions with final aim goals identical to most religions. The defendant and 7 their companies are attempting to treat their Technological developments as 8 God, taking all of humanities bio-metrics, data, and connecting it to their quantum, robotic and machine-based AI technology, and upload their digital 9 selves into other bodies, networks or machines, mimicking the beliefs of a 10 spirit or soul. In Fact, Elon Musk stated in an interview, that he wants to develop AI to a point, that it could "give him the answers to the simulation". 11 Elon Musk is agreeable to the risks that an AGI or Artificial Super Intelligence 12 can go

rogue, kill off humanity, or be hacked, yet as smart as he is, he doesn't understand that the computing technology the AGI and ASI would 13 have, would not go beyond the level of Atoms to observe more microscopic 14 particles at its plane, hence, any answers to his sought questions to simulation is limited, and the endeavor of an AGI or ASI is putting humankind 15 at risk. There is an alternative way to achieve his answers, that is 100%. safe 16 and does not involve giving the power to a machine or Artificial Intelligence. 17 1.2 L Defendants have created AI systems that ca.n take in humanities facial, 19 voice and other bio-metric information and decode whether they are resistant 20 to AI, subject to its control, atheist or have a faith. This technology can enable AI, or any entity using AI to track, profile, hunt and kill targets it deems 21 resistant to its control or resistant to AI. This can be done with drones, 22 machines, robotics, or poison delivery systems such as Micro-Batie terrorism. 23 24 25 26 27 28 All Charges from 1-26 have led to physical genocide in China spearheaded by the Chinese Communist Government, and all charges from 1-16 are in breach and violations of penal codes stated in facts 1, 2 and 3. All Charges have and are leading to Cultural Genocide in America and around the World, endangering all of humanity to enter a stage of cultural and physical genocide with the interconnection of Artificial Intelligence, 5G, Robotics, Machines, Drones, Smart Cities, as it pertain to -11- INSERT DOCUMENT TITLE (e.g., MOTION TO STRIKE) Case 3:19-cv-02407-CAB-AHG Document 1 Filed 12/16/19 PageID.12 Page 12 of 50 1 2 3 4 5 6 negligence and misuse by the main platforms and companies of Google, Facebook, Alphabet, DeepMind, Neuralink, John Does, and their leadership. This does not exclude other players such as

Amazon and Microsoft from guilt, and the very many Chinese companies who were trained by these Western companies. Cyrus A. Parsa, The AI Organization 7 Dangerous Interconnection of Google, Alphabet, Facebook, Neuralink, 8 and DeepMind AI posed great threats to humanity. 9 10 Digital You. 11 The collaborative process between these companies, is attempting to 12 create a digital you with Artificial Intelligence. They have harnessed humanities bio-metrics, are planning to run it in an AI machine, to copy 13 a person's consciousness, with the idea that your emotions, 14 personalities, and neural networks, can be digitally implanted into robotics, cybernetics, cyber systems, virtual reality, augmented reality, 15 mixed reality, alternate reality, human, animal and modified clones and 16 other bodies, to obtain immortality. The collaborative process between these companies, can create an Artificial Intelligence that can control 17 humanity through the 5G network, mobilizing drones, machines, 18 robotics, CRISPR and other technologies not limited to the digital 19 networks. 20 21 ALPHABET,Inc 22 Alphabet is the parent company of YouTube, Google, DeepMind. They are a 23 registered Delaware Company, with headquarters in Mountain View California. Alphabet as an organization, is directly responsible to the 24 negligence, and hurt Google, And DeepMind have brought to humanity, The 25 AI Organization, Cyrus A. Parsa and victims of Persecution, torture, rape, human trafficking, sex trafficking, organ trafficking, organ harvesting, 26 internment camps, and concentration camps, as stated in this claim. This 27 includes its board members to varying degrees. 28 - 12 - INSERT DOCUMENT TITLE (e.g., MOTION TO STRIKE) Case 3:19-cv-02407-CAB-AHG Document 1 Filed

12/16/19 PageID.13 Page 13 of 50 1 2 GOOGLE L.L.C 3 Google L.L.C is a Delaware Company with Headquarters in Mountain View, 4 California. Google's search engine has harnessed humanities data. Google due to negligence, has allowed humanities privacy to be leaked to nefarious 5 companies, entities and governments, such as China, who engages in 6 concentration camps, rape, torture, sex, human and organ trafficking, 7 resulting it murder or death by persecution. 8 Google has created a platform that harnesses' the worlds data, which is going into Artificial Intelligence, Machines, Robotics, the coming 5G network, 9 Drones, Satellites, private networks, and Quantum Computing that can attach 10 to a digital brain and simultaneously control humanity through influence, manipulation, or outright physical force by mobilizing machines, robotics and 11 newly formed AI laws. 12 13 Google Super Conscious AI Brain 14 Google has data on almost all people, things and subjects on the planet, and 15 about everything ever published online. An AI system or an AI Robot can 16 access everything connected to all networks and make imperceptible moves around the world simultaneously. It would be so fast on the 5G network, that 17 humanity would be caught off guard. It could be a program malfunction, a 18 purposeful terrorist attack by an entity, or the AI system going rogue based on a self-learning algorithm. 19 The worst possible scenario is that a digital super computer, humanoid robot, 20 or a person that has been merged with cybernetics achieves a certain automated consciousness that would be a threat to humanity. Google has 21 been in China, helping them advance their AI program, in return China's 22 government is advancing their weaponization program. 23 Deep Mind AI 24 Deepmind is a

Delaware Company with offices at Alphabet and Googles 25 Mountain View Location in California. DeepMind AI, is creating Quantum 26 Computing designed and or able to harness googles data, humanities biometrics and mobilize robotics, machines, drones, and smart cities in nefarious 27 ways unbeknownst to the justice department, government or the common 28 citizen due to bio-digital social programming derived from social engineering -13 - INSERT DOCUMENT TITLE (e.g., MOTION TO STRIKE) Case 3:19-cv-02407-CAB-AHG Document 1 Filed 12/16/19 PageID.14 Page 14 of 50 1 and the interconnection of machines, robotics, 5G, IoT, smart phones wlth 2 Google and Deep MInds products and services that can also merge AI and machines with human beings. 3 4 5 Deep Mind provided AI, and Quantum Technology to China that has aided the Chinese government in surveillance, concentration camps, rape, torture, 6 organ harvesting, murder and genocide. 7 Deep Mind is threatening the world with creating a Digital Mind that can 8 connect via the 5G network to machines, robotics, drones, smart cities, smart g homes, automated cars, and infrastructure. A Digital Mind or Artificial Intelligence with the bio-metrics of Americans, or all of the world's citizenry, 10 11 According to Elon Musk, Deep Mind Operates as a semi-Independent Subsidiary of Google". Deep Mind is accelerating its creation of a digital super 12 intelligence. At a digital level, they are close to Artificial General Intelligence. 13 Deep Mind, from Google, is attempting to create an AI that is more clever than any person on the planet, and at some time it can be more clever than 14 all of humanity combined. This digital AI can hack and control Google, Biadu 15 (Chinese version of Google) and all networks at once or be used by a company or terrorist to do the same thing. 16 11 Elon Musk says, a Digital Super Intelligence could see people as ants. I strongly agree, and after the reader takes in the book "ARTIFICAIL 18 INTELLIGENE Dangers to Humanity" and considers the interconnection of 19 the companies, the gee-political situations, history, human rights, and how AI moves, one can understand the severity of this case and the dangers 20 humanity faces. This case is has an additional element, to safeguard 21 humanity. 22 23 24 Larry Page, Sergey Brin, and Sundar Pichai as CEO, Founders and 25 Board members, bare responsibility via negligence and complicity in 26 physical persecution and genocide of Chinese citizens, and cultural genocide of humanity. They have residence in California and or work in California, and 27 the 50 United States. They are in breach of all penal codes listed in facts 1-28 26 and other codes listed within complaint. -14 - INSERT DOCUMENT TITLE (e.g., MOTION TO STRIKE) Case 3:19-cv-02407-CAB-AHG Document 1 Filed 12/16/19 PageID.15 Page 15 of 50 1 FACEBOOK 2 Facebook is a Delaware Company is Headquarters in Menlo Park, California 3 Masking of The AI Organization Posts, Books "Artificial Intelligence 4 Dangers to Humanity & AI, Trump, China & the Weaponization of Robotics with 5G". 5 . FACEBOOK was complicit in crimes against humanity with regards to China 6 by masking The AI Organization and Cyrus A. Parsa's articles, posts and 7 books that were posted by people working on behalf of The AI Organization, 8 Cyrus A. Parsa and his associates. Facebook caused financial harm to Cyrus A. 9 Parsa and The AI Organization by rejecting promotions for the book "AI, 10 Trump, China & The Weaponization of Robotics with 5G" A Human rights book, meant to warn humanity about the dangers to AI, robotics, 5G, China 11 and big tech companies' nefarious activities. By rejecting the book and 12 masking the book "Artificial Intelligence Dangers to Humanity, Facebook is 13 guilty of complicity in China and Censorship. 14 15 NEURALINK & Elon Musk 16 17 Neuralink Corportion is an American Neurotechnology company 18 founded by Elon Musk, developing Implantable brain-machine interfaces, with company headquarters in San Francisco. Elon Musk 19 resides in California. 20 21 Neuralink is involved in risky Research and Development, including robotics, 22 cybernetics, and R & D to map and decode the entire human brain and neural network in order to mix machines and AI with human beings, that can create 23 humans with super human powers who would be dependent on machines or 24 AI technology to sink with the human brains, creating a symbiotic interface 25 that connects with the internet and its data. Neuralink's technology can create the components needed for other entities, corporations, countries and people 26 to create fully capable Robotics and Humanoid Robots with human desires, 27 and thinking capabilities, let alone a full range of human mobility. 28 -15 - INSERT DOCUMENT TITLE (e.g., MOTION TO STRIKE) Case 3:19-cv-02407-CAB-AHG Document 1 Filed 12/16/19 PageID.16 Page 16 of 50 1 Elon Musk is the Founder of Tesla, Space X, Neuralink and has stake in 2 Google's DeepMind AI. Neuralink is based out of California 3 The Founder of Neuralink, Elon Musk, stated "For humans to survive, they have to merge with AI and Machines". Neuralink wants to put implants inside 4 human beings' brains in order for people to connect with the Internet and mix 5 with machines, robotics and other cybernetic parts. Elon Musk also stated 6 human beings are already Cyborgs by virtue of them having smart phones, "A 2 Digit Cyborg". 7 Elon Musk is attempting to make humans into Cyborgs in order to tap into 8 areas in the brain that usually cannot be accessed by the public. By merging 9 AI, Machines with the Human brain and body, Elon Musk hopes to make himself and others super intelligent with super human powers. He hopes to 10 tap into the human brain's total capacity, giving him powers not only to tap 11 into the internet, but powers to control machines, drones, robotics, virtual 12 reality, augmented reality, mixed reality. and any bio-digital infrastructure on the 5G network or any network that can form in the bio-digital world. At 13 some point, he or someone like him may be able to have to access micro14 dimensions and manipulate atoms by merging himself with machines and AI, albeit the AI merger would not allow him to go beyond the atomic planes per 15 the intrinsic qualities that exists in machines, cannot go beyond certain 16 particles in the quantum research and development. That being said, if Elon 17 merges with a machine, at that point, he would no longer be Elon, but be replaced by an AI replicating Software. He hopes to tap into the powers of the 18 human brain and neural network by introducing foreign intelligence to for a 19 symbiotic relationship and to have humanity be merged with the AI host as well. 20 21 If this happens to Elon or any person working on this, they would endanger the entire human race. Because Human's innately have jealously, greed, lust, 22 need for fame, ignorance, profit, and the many vice that have created 23 conflicts and wars throughout humanity, his experiments are a danger to the public and himself. 24 Elon Musk doesn't know how to tap into certain areas of the brain, and open 25 up those neural networks without using machines and AI, hence he is 26 accepting a symbiotic or parasitical relationship. Elon Musk admitted himself 27 that it would be "Symbiosis or symbiotic Relationship" once humans merge with machines. 28 - 16 - INSERT DOCUMENT TITLE (e.g., MOTION TO STRIKE) Case 3:19-cv-02407-CAB-AHG Document 1 Filed 12/16/19 PageID.17 Page 17 of 50 1 The Most dangerous part of mixing humans with AI and machines, is that the 2 AI can replicate itself within the neural network of the human beings, this is replacing and killing the person bit by bit and taking control of the persons 3 pineal gland. The person would look the same, but their digital self, soul, 4 spirit, consciousness or innate neural network would be separated, killed or extracted from the body. 5 6 Elon Musk has passed onto China knowledge that has aided their AI weapons programs. Some of these technologies that have been passed onto 7 China, have been used by Chinese companies and the Chinese government 8 to experiment on Chinese citizens who have been enslaved in concentration 9 camps. 10 11 12 13 Tesla, Inc, 14 Tesla is an American Company with headquarters in Palo Alto California. 15 16 By transferring Technology to China and having a Gigafactory in China, Tesla 17 has transferred technology to the Chinese government and its corporations, 18 including bio-metric technology that can scan, recognize human bodies, 19 faces, and other attributes that can identify human beings that are used by the regime of China and its corporations to hunt its citizens. All corporations 20 by Chinese law, are subject to the Chinese Communist Regimes control. The 21 Chinese regime, with their security apparatus, police, military and rogue government gangs, have used Tesla's human detection technology and bio22 metric technologies to track, hunt, quarantine, arrest, torture, and kill many 23 dissidents. Tesla is negligent, and did not listen to U.S government warnings 24 of not doing business with China. Moreover, Tesla has a responsibility to not do business with countries who engage in human rights atrocities, including 25 internment camps, concentration camps, and organ trafficking. 26 27 CISION PR NEWSWIRE 28 -17 - INSERT DOCUMENT TITLE (e.g., MOTION TO STRIKE) Case 3:19-cv-02407-CAB-AHG Document 1 Filed 12/16/19 PageID.18 Page 18 of 50 1 PR Newswire is headquartered in New York, A PR Newswire discriminated, 2 impeded, and caused the death of individuals in Chinese concentration camps by canceling The AI Organization's book PR Release "Artificial 3 Intelligence Dangers to Humanity and Article's about Huawei, China and 5G, 4 on the claim that the content was "Slanderous to China and Huawei". PR Newswire is in violation of Article 2, 3 and Article 4 of the Genocide 5 Convention, as well as the Nuremberg and U.S code on genocide. Our 6 articles and book, aims to bring awareness to the concentration camps in 7 China, how the tech us used, and China and Huawei's threat to enslave Europe, Africa, the Middle East and the World on the BRI (One Belt One 8 Road), as well as the dangers Americans and humanity at large face with g emerging technologies. PR Newswire has a Chinese subsidiary inside of China, hence they are intertwined in censorship with China, and complicit in 10 crimes against humanity. 11 12 PR Newswire violated the human rights of The AI Organization, Cyrus A. 13 Parsa and victims of Persecution and Genocide by forcing 2 more press 14 releases to terminate our PR release for our articles attempting to warn Hong Kong Citizens,

Chinese, Europe, Americans, and the world, about the 15 persecution, concentration camps, and threat of enslavement of humanity by 16 China using big tech, 5G and Huawei, and the interconnection as a whole. 17 18 PR News Wire prevented U.S senators, Governors, Congress and the media 19 at large from knowing about our books, articles and reports, including "ARFICIAL INTELLIGENEC DANGERS TO HUMANITY that were later 20 plagiarized by other think tanks and outlets, yet the contents did not make 21 mainstream news via The AI Organization. PR News wire caused financial 22 harm, and undue stress to Cyrus A. Parsa and The AI Organization for its combative censorship of The AI Organization and Cyrus A. Parsa during their 23 attempts to prepare, and publish press releases with different PR companies 24 who were forced by PR newswire to adversely react and harm the plaintiffs. 25 26 Plaintiff 27 The AI Organization 28 -18 - INSERT DOCUMENT TITLE (e.g., MOTION TO STRIKE) Case 3:19-cv-02407-CAB-AHG Document 1 Filed 12/16/19 PageID.19 Page 19 of 50 1 The AI Organization's mission is to keep humanity safe from the misuse 2 and dangers of Artificial Intelligence. 3 The AI Organization specializes in research, design, development, risk 4 assessment and vulnerability consultation of Humanoid Robots, Micro-Botics, AI & Robotic Terrorism, AI Automated Drones, AI Automated Assassination 5 Prevention, AI Bio-Engineering, AI Genetic Modification, AI Automated 6 Cybernetics, AI Automated Cloning, AI Automated Animal-Human Hybrid 7 System Detection, AI Automated Security Systems, AI Scanning Apparatus, AI Detection Apparatus, IoT, Smart Home, Smart City, Virtual Reality, 8 Augmented Reality, Mixed Reality, Alternate Reality Hologram

Apparatus, 9 The Human Bio-Digital Network, Bio-Digital Field, Bio-Matter, General Bio10 Metrics, Facial Recognition, Voice Recognition, Human Body Detection 11 Apparatus, Lidar, Machine Learning, Deep Learning (DL), (Artificial Intelligence (AI), Artificial Intelligence Nano-Technology, Artificial General 12 Intelligence (AGI), Super Intelligence, the AI Global Bio-Digital Network and 13 Military, Political and Governmental AI Risk & Operating Procedures for 14 Prevention, Emergency & Response. The AI Organization is the publisher for 15 the book "Artificial Intelligence Dangers to Humanity". 16 17 Cyrus A. Parsa 18 Cyrus A. Parsa is the Founder and CEO of The AI Organization, Loyal Guardian Security and The Social Programming Institute. All created to assist 19 in making our society safer and better. Cyrus has a Bachelors in International 20 Security & Conflict Resolution, and a Master's Degree in Homeland Security. He is an expert in China-Iran affairs, and has consulted on Human-Organ 21 Trafficking, Anti-Terrorism, Vulnerability, Risk, Asset Management and 22 Emerging Threats to governments, agencies, people and organizations. He 23 lived in the mountains of China with fighting monks as a youth. 20 years of hidden research, and development, with a network of thousands of Chinese 24 and Westerners, allowed for great insight into the threats we face from China, 25 Iran and the Western corporate inter-connectivity. Cyrus's discoveries have led him to coin the new concepts of "The AI Global Bio-Digital Network, The 26 Human Bio-Digital Network, Bio-Digital Social Programming, Bio-Digital 27 Hybrid Sexual Assault & Micro-Botic Terrorism" to explain how the dangers 28 we face, and all the trouble we find ourselves in, are rooted in these almost imperceptible elements that are now connecting with AI, Society,

Smart -19 - INSERT DOCUMENT TITLE (e.g., MOTION TO STRIKE) Case 3:19-cv-02407-CAB-AHG Document 1 Filed 12/16/19 PageID.20 Page 20 of 50 1 Phones, IoT, and Robotics through one platform. Within this platform, Cyrus 2 found extinction codes. He is the author of Artificial Intelligence Dangers to Humanity & AI, Trump, China & the Weaponization of Robotics with 5G" 3 4 5 6 7 8 9 10 11 12 Following Extracted from book "ARTIFICIAL INTELLIGENE Dangers to Humanity and United Nations Charter on Genocide Can Big Tech Corporations be Charged with Article 3 of the Genocide Convenlion? Convention on the Prevention and Punishment of the Crime of Genocide Bellow are transcriptions of Article 3 and 4 from the United Nations. These 2 13 articles can be used to charge corporations, and its employees that have 14 engaged or have been complicit with providing technology or doing business 15 with nation states that have committed genocide or are engaging in acts that lead to genocide. Please pay attention to (e) Complicity in Genocide. The 16 complicity clause can be directed at any corporation that uses Artificial 17 Intelligence, bio-metrics, bio-engineering, gives training or any data that leads to the persecution or killing of any group in China or around the world that are 18 protected by the Charter of Human Rights as recognized by civilized nations. 19 20 21 22 23 24 25 Convention on the Prevention and Punishment of the Crime of Genocide Approved and proposed for signature and ratification or accession by General Assembly resolution 260 A (III) of 9 December 1948 Entry into force: 12 January 1951, in accordance with article XIII 26 The Contracting Parties , 27 Having considered the declaration made by the General Assembly of the 28 United Nations in its resolution 96 (I) dated 11

December 1946 that genocide - 20 - INSERT DOCUMENT TITLE (e.g., MOTION TO STRIKE) Case 3:19-cv-02407-CAB-AHG Document 1 Filed 12/16/19 PageID.21 Page 21 of 50 1 is a crime under international law, contrary to the spirit and aims of the United 2 Nations and condemned by the civilized world, 3 Recognizing that at all periods of history genocide has inflicted great losses on humanity, and 4 Being convinced that, in order to liberate mankind from such an odious 5 scourge, international co-operation is required, 6 Hereby agree as hereinafter provided : 7 Article I 8 The Contracting Parties confirm that genocide, whether committed in time of peace or in time of war, is a crime under international law which they 9 undertake to prevent and to punish. 10 Article II 11 In the present Convention, genocide means any of the following acts 12 committed with intent to destroy, in whole or in part, a national, ethnical, racial or religious group, as such: 13 (a) Killing members of the group; 14 (b) Causing serious bodily or mental harm to members of the group; 15 (c) Deliberately inflicting on the group conditions of life calculated to bring 16 about its physical destruction in whole or in part; 17 (d) Imposing measures intended to prevent births within the group; 18 (e) Forcibly transferring children of the group to another group. 19 Article III 20 The following acts shall be punishable: 21 (a) Genocide; 22 (b) Conspiracy to commit genocide; 23 (c) Direct and public incitement to commit genocide; 24 (d) Attempt to commit genocide; 25 (e) Complicity in genocide. 26 Article IV 27 Persons committing genocide or any of the other acts enumerated in article III 28 shall be punished, whether they are constitutionally responsible rulers, public officials or private individuals. - 21- INSERT DOCUMENT TITLE (e.g., MOTION TO STRIKE) Case 3:19-cv-

02407-CAB-AHG Document 1 Filed 12/16/19 PageID.22 Page 22 of 50 1 2 With regards to the Genocide Convention, specifically the Complicity clause. 3 The Complicity Clause covers any human being who complicit in genocide by discounting it, avoiding it, dismissing it, or not giving standing in their platform 4 to be heard. For example, lawyers, media, doctors, government personal, 5 judges, police, educators, corporations, and any entity or person who is complicit can face and be charged by a tribunal, organization or government 6 body. 7 HUMAN ORGAN TRAFFICKING & CONCENTRATION CAMPS IN CHINA 8 g After the passing of multiple laws related to what the state can do with executed prisoners and their bodies, both criminals and "Enemies of the 10 Socialist State" were executed for a multitude of reasons the Chinese 11 Communist Party declared unlawful. Usually they fell under freedom of 12 speech, freedom of religion, or advocating for democracy or freedom of speech. The first target group for Government led organ trafficking were 13 Tibetans, Uighurs, Christians, then Falun Dafa practitioners, and democracy 14 advocates. Numerous witnesses from around the globe who escaped China gave accounts of blood testing, cornea and other bio-metric measurements of 15 their bodies via video, photos and scanning apparatus. This was done prior to 16 be taken by the Chinese Socialist Regime as hostage for labor throughout 17 China and inside of their vast labor camp network. Investigators and researchers from the International Coalition to End Organ Transplant Abuse 18 in China, have concluded that 60,000-100,000 Transplants a year are 19 unaccounted for since the year of 2000 with the Updated 2016 Report, grossly underestimating the previous reports in 2006 of 41,500 unexplained 20 organ transplants.

Timeline below with links with over a decade of 21 investigations. 22 23 24 25 26 27 28 - 22 - INSERT DOCUMENT TITLE (e.g., MOTION TO STRIKE) Case 3:19-cv-02407-CAB-AHG Document 1 Filed 12/16/19 PageID.23 Page 23 of 50 1 2 3 4 Organ Harvesting Time Line 5 1949- The Chinese Communist Regime takes charge via a Socialist platform. Through the Socialist regime's murder, executions, torture, rape and famines, 6 roughly 100 million people are believed to have died in China alone. Like the 7 miseries of Russia's violent Socialist revolution, academics, artists, free 8 thinkers, businessmen, families, lawyers, judges, democracy activists, and people of faith were sent to concentration camps all across China. 9 1980's- The Chinese Communist Regime increases organ trafficking 10 initiatives after it passed into law the right of the Socialist Republic to execute 11 prisoners for their organs. 12 1990s- Reports come out of China that Christians, Uyghurs, and Tibetans 13 were targeted for organ trafficking. 14 1999- Chinese Communist Regime, at the order of Dictator Jiang Zemin, brands the Falun Dafa Spiritual practice illegal, and sends in the military 15 and the security apparatus to target 100 million people who practiced Falun 16 Data (Falun Gong) spiritual method. Untold number of people were arrested, beaten, tortured and put in labor camps. Orders from the regime was to "ruin 17 their reputation, and that "Truth, Compassion and Forbearance were not in 18 line with the CCP. The Socialist Regime publicly stated, "disintegrate them, 19 ruin their reputation, break them financially and destroy them physically". The Media and its reporters in China were the biggest weaponization tools to 20 cast doubt, create confusion, spread disinformation, slander and incite 21 hatred on the people who practiced Falun Dafa, that subsequently led to the weaponization of the Chinese Socialist State's security apparatus to torture, 22 rape, organ traffic and commit genocide towards 100 million people and their 23 families. 24 2005- Chinese hospitals and third-party websites were advertising 48-hour 25 wait times for hearts, kidney's and livers. The prices were in cash and available for foreigners from around the world to fly into China for transplant. 26 2006. Canadian Secretary of State, David Kilgour & Nobel Nominee David 27 Matas, make public their report. They stated that 41,500 Organ transplants 28 - 23 - INSERT DOCUMENT TITLE (e.g., MOTION TO STRIKE) Case 3:19-cv-02407-CAB-AHG Document 1 Filed 12/16/19 PageID.24 Page 24 of 50 1 from the year of 2000-2005 are unaccounted for, and that China recorded 2 roughly a donation system of 3,000 people a year. 3 2007. U.N. Special Rapporteur Manfred Nowak states that the chain of evidence that Matas and Kilgour were documenting showed "coherent picture 4 that causes concern" and that they wanted to investigate how China could 5 increase the volume of organ transplants to such a high degree since the 6 year 2000. Where the number did not match or come nearly close to the increase of organ donations in China. 7 2008. United Nations Committee Against Torture requested "a full 8 explanation of the source of increased organ transplants" as there was 9 no explanation to the source 10 2009- Matas & Kilgour publish Bloody Harvest: The Killing of Falun Gong for Their Organs. Book highlights evidence, methods, and reach. Evidence 11 included taped recording by medical doctors, stating they "have organs from 12 Falun Gong, they are the best and fresh". Reports also expound on Tibetan, 13 Christians and Uyghurs. 14 2011-

Western Tech companies begin to be sued for providing technology to the Chinese regime that aided in genocide via human tracking technologies. 15 This tracking helped put Falun Dafa Meditators, Christians, Tibetans and 16 Uyghurs in concentration camps. 17 2014. Journalist Ethan Gutmman publishes "The slaughter: Mass Killings, 18 Organ Harvesting and China's Secret Solution to its Dissident Problem. Gutmman states large numbers of Falun Gong, House Christians, Tibetans & 19 Uyghurs have been killed for their organs. His numbers reach 100,000 people 20 as an estimate. 21 2016. Matas, Kilgour & Gutmman publish "2016 Investigation, An Update". 22 They conclude that 60,000-100,000 transplants per year, every year, are unaccounted for and not explained by the Chinese regime. They also 23 concluded that at any time there could be over a million people in camps 24 throughout China. https://endtransplantabuse.org/an-update/ 25 2016. Congress passes House Resolution 343. "Expressing concern regarding persistent and credible reports of systematic, state sanctioned 26 organ harvesting from non-consenting prisoners of conscience in the 27 People's Republic of China, including from large numbers of Falun Gong 28 practitioners and members of other religious and ethnic minority groups. https://www.congress.gov/bill/114th-congress/house-resolution/343/text - 24 - INSERT DOCUMENT TITLE (e.g., MOTION TO STRIKE) Case 3:19-cv-02407-CAB-AHG Document 1 Filed 12/16/19 PageID.25 Page 25 of 50 1 2019- Secretary of State Mike Pompeo publicly speaks about the Chinese 2 Communist Regime putting people in camps, and that Western tech companies need to think twice of what they are doing. 3 2019- "China Turbinal Final Judgment" in the UK. The Tribunal Concluded

4 that "very many people have died, and without a doubt China is found guilty 5 of the crime of Genocide through forced organ harvesting, rape, torture and 6 physical extermination. " Https://chinatribunal.com. 7 2019. President Trump and his Administration meet with numerous human rights abuse victims, including Falun Dafa, Christian, Uyghur, and Tibetans. 8 Vice President Pence meets privately with these four groups. 9 2019: President Trump and Vice President Pence initiate human rights 10 initiatives of persecuted people around the world 11 October, 2019, 28 Chinese AI, Tech and Bio-Metric companies are put on 12 black list by the U.S government for their roles in assisting in the capture of human beings. The following article slipped through the Epoch Times 13 Chinese edition, became viral, with tens of millions of views around the world 14 from numerous outlets. We disclosed what was happening behind the scenes in Hong Kong with AI and its relationship to facial recognition, capture, rape 15 and even suicide of Hong Kong students. The following is series of articles 16 that are relevant to actual events, and to this entire book. 17 December, 2019. 18 New York Times, Confirms part of The AI Organization and Cyrus A. 19 Parsa's findings that China was using emotion, facial and voice recognition to quarantine, imprison, rape and even kill Uyghurs for their 20 organs. 21 22 STANDING 23 1. The AI Organization, Cyrus A. Parsa, people working and related to The AI 24 Organization and its affiliates, such as Loyal Guardian Security, Chinese 25 Researchers and Western Researchers assisting The AI Organization, and the victims of persecution, organ trafficking, concentration camps and murder, 26 relate back to The AI Organization's humanitarian efforts and members. 27 Facebook

Directly interfered in this process, as did PR NewsWire. Google's Algorithm's hindered Cyrus's humanitarian work since the year of 2005 by 28 creating an ecosystem that was complicit and provided a network for hate - 25 - INSERT DOCUMENT TITLE (e.g., MOTION TO STRIKE) Case 3:19-cv-02407-CAB-AHG Document 1 Filed 12/16/19 PageID.26 Page 26 of 50 1 towards person's suffering in China. Google transfered to China AI, Bio2 metric, quantum computing and AI facial recognition technology that was used to arrest or kill Plaintiffs. Sergey Brin, Sandar Pichai, and Larry Page 3 are directly responsible, worked, and reside in Californa. They falsely 4 informed the publish that Google was not giving AI weaponization technology to China and its corporations. Neuralink, Tesla, and Elon Musk provided data s and AI & bio-metric weaponizing knowledge to Jack Ma, and other Chinese 6 companies, not to exclude Tesla's Giga Factory in China. Cyrus A. Parsa and The AI Organization are representing themselves and victims of 7 persecuting, concentration camps and organ harvesting, that suffered due to 8 negligence and complicity in technology transfer to China from the defendants and companies and persons named in this complaint, as well as 9 creation of AI technology with coding and alhrithyims that harmed Cyrus A. 10 Parsa's efforts to bring awareness to the dangers to humanity and the crimes against humanity in China and America via bio-metric althortyim manipulation 11 by Google and Facebook. Any person or entity can bring charges of 12 genocide and complicity to genocide, as afforded by the Genocide convention and the penal codes presented in this claim. 13 14 ii. Article 1, 2, 3, and 4 of the Genocide Convention can be brought by any person, entity attempting to assist, research, prevent, report, or bring justice 16 on behalf of the victims who may have been related to the cultural, ethnic, or 17 physical genocide. Victims of persecution as a direct result of the defendants technology transfer exist within The AI Organization and Cyrus A. Parsa's 18 19 20 network that he represented. 2I ANY PERSON, ATTORNY, OR ENTITY, ATTEMPTING TO DISMISS THIS CASE, CAN AND WOULD BE FACE ARTICLE 2, 3 AND 4 OF THE 22 GENOCIDE CONVENTION, NOT TO EXCLUDE PUBLIC TRIBUNALS. 23 Millions of people in China are depending on this lawsuit, and awaiting the Hon. Judge's assistance in allowing the case to be heard in trial, and justice 24 to be served for the 1 O's of millions in China who have been persecuted, 25 raped, or killed, and the millions in America who have be harmed, and the billions around the world that will be harmed by the negligent and dangerous 26 developments of Artificial Intelligence and the defendants misuse. Some of 27 the technologies stated in this case, can best be understood by someone like Elon Musk, and 28 Cyrus A. Parsa, not the attorney's who could be charged with Article's of - 26 - INSERT DOCUMENT TITLE (e.g., MOTION TO STRIKE) Case 3:19-cv-02407-CAB-AHG Document 1 Filed 12/16/19 PageID.27 Page 27 of 50 1 Genocide for Complicity if they attempt to hurt the Chinese people or the 2 worlds people by dismissing this case. In addition, it is being filed by Por Se, Cyrus A. Parsa, representing himself. The AI Organization, his associates 3 and the many people related to his company, or have worded on behalf of his 4 company, who have been harmed by the defendants. 5 6 7 8 Jurisdiction 9 Defendants have violated state, federal and international laws. The complaint largely sites many federal laws that were breached and violated by the 10 defendants, that caused emotional, financial, health and physical harm to the 11 plaintiffs, including death to victims of persecution in China, and persecuted victims living here in California and in every state under the jurisdiction of the 12 Federal Court. This Court has original subject matter jurisdiction under 28 13 U.S.C. § 1331 over the First Amendment and Lanham Act claims which arise under the laws of the United States, as well as 14 15 18 U.S.C.A. § 1030 16 Arms Control and Disarmament Act [22 U.S.C. 2551 and Foreign Assistance Act of 1961, 17 18 22 U.S. Code § 2752 22 U.S. Code § 2753 19 20 22 U.S. Code § 2754. 21 22 U.S. Code § 2755 22 22 U.S. Code § 2756 23 18 U.S. Code§ 1038 24 California Electronic Communications Privacy Act pursuant to Chapter 3.6 25 CFAA) 18 U.S.C. § 1030) 26 Electronic Signatures in Global and National Commerce Act 27 28 of U.S.C.A 1019 Genocide, - 27 - INSERT DOCUMENT TITLE (e.g., MOTION TO STRIKE) Case 3:19-cv-02407-CAB-AHG Document 1 Filed 12/16/19 PageID.28 Page 28 of 50 1 Penal Code 2 Articles 1, 2, 3 and 4 of the genocide convention as well as in violation 3 of The FTC Act (15 U.S.C. §§ 41-58 4 The Court has supplemental jurisdiction under 28 U.S.C. § 1367 over the California state claims, which share a common nucleus of facts with the 5 federal claims in this matter. 18. This Court has personal jurisdiction over 6 Google. Google, Facebook, Neuralink, Alphabet, Tesla and Deepmind are 7 pervasively present in California and in this judicial district, and is subject to general personal jurisdiction throughout this State. 19. Venueis proper in this 8 District under 28 U.S.C. §§ 1391(b)(1), (b)(2), and (c). Google has a large 9 office in Venice, California within this judicial district, which houses engineering, sales, and marketing operations for Google Ads, such that 6 1 ° Complaint. Plaintiffs and defendants, including their companies all have 11 residence in California or do a considerable amount of businessin California. 12 The AI Organization is based out of La Jolla, California. The complaints filed against the defendants stem from the creation of the AI and bio-metric 13 Weaponry, mainly took place largely in the state of California, as did many 14 contracts between China, Chinese Companies, Chinese actors and the defendants and their companies, albeit 15 this is a federal matter, the venue is more than adequate and appropriate. 16 17 18 19 20 21 22 23 24 III. RELIEF YOU REQUEST 25 PRAYER FOR RE LEIF 26 27 Defendants must pay financial and personal damages. 28 - 28 - INSERT DOCUMENT TITLE (e.g., MOTION TO STRIKE) Case 3:19-cv-02407-CAB-AHG Document 1 Filed 12/16/19 PageID.29 Page 29 of 50 1 2 3 4 5 6 7 8 9 10 Google, Alphabet, Facebook, Neuralink, Mark Zuckerberg, Sergy Brin, Larry Page Sandar Pichai, Elon Musk, Tesla, & PR Newswire, All Defendants Combined must pay a total of 2.3 Trillion USD. Each defendant liability is detailed below. No amount of money can replace the human lives lost, yet they must pay, and beyond the financial punitive damages required. Each defendant must assist persecuted victims, and immediately begin exploratory missions to investigate Chinese concentration camps, tortured and murdered victims. 1 1. Financial Demands 12 13 14 15 16 Funds to be distributed by The AI Organization and Cyrus A. Parsa to victims 17 of persecution, genocide, and to create a world body to monitor big tech, and safeguard humanity. Victims include Democracy activists, Uighur, Christian, 18 Falun Dafa Practitioners, Tibetans, Hong Kong citizens, Chinese Citizens, 19 judges, lawyers, journalists, academics in China and the world Citizenry who have suffered due to the defendants misuse of technology, negligence, 20 weaponized AI and bio-metric technology transfer, complicity, and lack of 21 regard for human dignity. 22 23 Facebook 24 Financial Obligation 25 506 Billion or at least 99% of its net worth 26 Personal Obligation 27 World Apology, 30 years of public service to assist victims of persecution. 28 Disclose that its interface, algorithms and coding is programming peoples - 29 - INSERT DOCUMENT TITLE (e.g., MOTION TO STRIKE) Case 3:19-cv-02407-CAB-AHG Document 1 Filed 12/16/19 PageID.30 Page 30 of 50 1 lives, thoughts, emotions, and bio-metric systems, and that Americans and 2 the worlds bio-metric systems, including facial recognition and private information of peoples families has been extracted by the Chinese 3 government through IP Theft and Espionage, and negligence due to 4 Facebooks hires of agents who worked on behalf of China. Compensate The AI Organization and Cyrus A. Parsa for masking its books, articles and posts, 5 and promote them throughout its system as a way to pay back for its 6 damages. Help Sue China and Chinese Companies for IP Theft, and misuse 7 of Facebooks Data and technology, and expose their concentration camps and crimes against humanity. Immediate nationwide exploratory access by 8 Defendant with China's consent to inspect concentration camps throughout g China, prisons, detention centers, and persecuted victims' statements with no limitations. 10 11 12 13 14 15 16 Mark Zuckerberg 17 Financial Obligation 18 68. 2 Billion Dollars USO. Complete net worth. 19 Personal Obligation 20 World Apology, 30 years of public service to assist victims of persecution. 21 Help Sue

China and Chinese Companies for IP Theft, and misuse of Facebooks Data and technology, and expose their concentration camps and 22 crimes against humanity Immediate nationwide exploratory access by 23 Defendant with China's consent to inspect concentration camps throughout 24 China, prisons, detention centers, and persecuted victims' statements with no limitations. 25 26 27 Elon Musk. Financial Obligation 28 - 30 - INSERT DOCUMENT TITLE (e.g., MOTION TO STRIKE) Case 3:19-cv-02407-CAB-AHG Document 1 Filed 12/16/19 PageID.31 Page 31 of 50 1 Half of Net worth, 11.8 Billion of reported 23.6 Billion. 2 Personal Obligation 3 To ensure Humanities is Safe. Willing to mitigate in person with Elon Musk for 4 a conclusion he would be happy with. It may be possible to withdraw financial damages from Elon Musk upon conversation, including all requests for 5 financial damages, if he can provide a better plan for AI development, and 6 ensure he or any of his companies were never informed or in knowledge of 7 human rights atrocities in China. Did they know that by doing business in China and providing technology, they are assisting the Chinese government 8 in surveillance, capture, internment camps, torture and murder? 9 Immediate nationwide exploratory access by Defendant with China's 10 mandatory consent to allow inspection of concentration camps throughout China, prisons, detention centers, and persecuted victims' statements with no 11 limitations. Help Sue and or expose China's crimes against humanity if any 12 stone walling or delay from China to hide their concentration camps, or traces 13 to cremated bodies of Chinese citizens. 14 15 Request to meet with Elon Musk, remove his Tesla factory from China and/or Help Sue China's Government and Chinese Companies for IP Theft, and 16 misuse of Elon Musk ingenuity, Data and technology, and expose their 17 concentration camps and crimes against humanity. Sue the Chinese 18 Communist Regime for crimes against humanity. 19 20 The AI Organization, Cyrus A. Parsa and victims of Persecution, under certain negotiable human scenarios, would consider removing all charges to 21 Elon Musk personally, and Tesla. Nueralink, is a separate matter, AGI and 22 ASI must be discussed in person. Removing all charges includes retracting 23 punitive damages under certain conditions discussed privately with Elon Musk and Cyrus A. Parsa. 24 25 26 27 Larry Page 28 -31- INSERT DOCUMENT TITLE (e.g., MOTION TO STRIKE) Case 3:19-cv-02407-CAB-AHG Document 1 Filed 12/16/19 PageID.32 Page 32 of 50 1 Financial Obligation 2 3 Complete forfeiture of all assets, and net worth. 60 Billion USO 4 Personal and Corporate Obligation 5 Lifetime of service to assist victims of persecution, rape, torture, internment in concentration camps, and families of those who were murdered and killed for 6 their organs. Apology for 2 decades of manipulation and destruction of 7 humanity with the use of Google's brain washing algorithms, and its 8 interconnection with the misuse of machines, computers, IoT and Smart Phones. Lifetime of service for collecting humanities bio-metric data via 9 Google's artificial intelligence systems without properly educating the public 10 of its implications with previous, current, emerging and future dangers. Immediate nationwide exploratory access by Defendant with China's consent 11 to inspect concentration camps throughout China, prisons, detention centers, 12 and persecuted victims' statements with no limitations. 13 14 Sergey Brin 15 Financial Obligation 16 Complete

Forfeiture of all assets and net worth. 60 Billion USO 17 Personal and Corporate Obligation 18 Lifetime of service to assist victims of persecution, rape, torture, internment in 19 concentration camps, and families of those who were murdered and killed for 20 their organs. Apology for 2 decades of manipulation and destruction of humanity with the use of Google's brain washing algorithms, and its 21 interconnection with the misuse of machines, computers, IoT and Smart 22 Phones. Lifetime of service for collecting humanities bio-metric data via 23 Google's artificial intelligence systems without properly educating the public of its implications, current, emerging and future dangers. Immediate 24 nationwide exploratory access by Defendant with China's consent to inspect 25 concentration camps throughout China, prisons, detention centers, and persecuted victims' statements with no limitations. 26 27 28 - 32 - INSERT DOCUMENT TITLE (e.g., MOTION TO STRIKE) Case 3:19-cv-02407-CAB-AHG Document 1 Filed 12/16/19 PageID.33 Page 33 of 50 1 Sundar Pichai 2 Financial Obligation 3 Relinquish of 921 million net worth. 4 . Personal Obligation 5 20 Years of service to assist victims of persecution, internment in 6 concentration camps, and families of those who were murdered and killed for 7 their organs. Immediate nationwide exploratory access by Defendant with China's mandatory consent to inspect concentration camps throughout China, 8 prisons, detention centers, and persecuted victims' statements with no 9 limitations. 10 11 12 Google L.L.C 13 Financial Obligation 14 Relinquish all Net worth, not less than 550 billion, less operating newly 15 formed search engine with algorithm fairness and correction of codes, algorithm dangers stated in this complaint. 16 Company Obligation 17 Confess and remove all coding and algorithms that can and do manipulate, 18 influence and bio-digitally reprogram people's thoughts, and bio-metric 19 systems. Immediate nationwide exploratory access by Defendant with 20 China's immediate consent to inspect concentration camps throughout China, prisons, detention centers, and persecuted victims' statements with no 21 limitations. 22 23 24 25 26 27 28 Alphabet Financial Obligation Relinquish 99% of its net worth, not less than 950 Billion Market Cap. Company Obligation - 33 - INSERT DOCUMENT TITLE (e.g., MOTION TO STRIKE) Case 3:19-cv-02407-CAB-AHG Document 1 Filed 12/16/19 PageID.34 Page 34 of 50 1 Immediate nationwide exploratory access by Defendant with China's consent 2 to inspect concentration camps throughout China, prisons, detention centers, and persecuted victims' statements with no limitations and world discussion. 3 4 All Access and exploratory missions by defendants to inspect concentration 5 camps, reports of cremate bodies, organ trafficking, organ harvesting, human 6 trafficking, sex trafficking, and victims of persecution must be approved by 7 The AI Organization and Cyrus A. Parsa. 8 9 10 11 12 13 18 U.S.C.A. § 1030 § 1030. Fraud and related activity in connection with computers Effective: November 16, 2018 Google, Alphabet, Deep Mind, Tesla, Neuralink and Facebook used AI 14 software beyond the reasonable amount needed and in excess, to extract 15 human bio-metrics, and did so without telling the pubic the security 16 implications, hence it was a fraudulent act beyond the accepted scope of their Artificial Narrow Intelligence Algorithms, coding and other AI systems that 17 directly and indirectly may relate. 18 19 20 Breach of Arms Control and Disarmament Act [22 U.S.C. 2551 and 21 Foreign Assistance Act of 1961, as amended

[22 U.S.C. 2151. 22 Google, DeepMind, Tesla, Neuralink, Facebook and Alphabet Did not have 23 permission from the U.S Government, and congress to transfer technology that can be and has been used for weapons in china, including the 24 Weaponization of Robotics, Artificial Intelligence, Quantum Computing, 5G, 25 bio-metric technology and Civilian private or public data that could be used by 26 China to hurt people throughout the world financially, culturally, emotionally and physically. These breaches have contributed to the killing of many 27 Chinese citizens, including victims of persecution. 28 - 34 - INSERT DOCUMENT TITLE (e.g., MOTION TO STRIKE) Case 3:19-cv-02407-CAB-AHG Document 1 Filed 12/16/19 PageID.35 Page 35 of 50 1 22 U.S. Code§ 2752.Coordination with foreign policy 2 GnnnlP._ DP.P.nmlnrl_ Alnh::ihP.t_ F;:ir.P.hnnk_ TP.i::l;:i ::incl NP.11r::ilink Diel nnt nivP. ::ir.r.11r::itP. infnrm::itinn nr nP.t ::innrnv;:il frnm thP. SP.r.rP.t::irv nf State 3 ::incl thP. PrP.i::irlP.nt tn tr::ini::fP.r Artificial Intelliaence. and all other technologies said in this complaint. 4 5 6 22 U.S. Code§ 2753.Eligibility for defense services or defense articles 7 Google, Deepmind, Alphabet, Facebook, Tesla and Neuralink Defendants did not have eligibility to transfer weapons that could be used for mass 8 destruction, surveillance, including all technologies related to Artificial 9 Intelligence that were transferred to China, Chinese companies or subsidiaries that transferred them to China. 10 11 22 u_s_ CndP. s 2754_P11rnni::P.i:: fnr whir.h milit::irv sales or leases bv the United States are authorized; report to Congress 12 Google, Deepmind, Alphabet, Facebook, Tesla and Neuralink Misused, were 13 negligent and improperly transferred of AI, Machine, Bio-Metric, Bioengineering and Robotics technology to China. Illegally selling

Sophisticated 14 weapons directly and indirectly to China and its corporations, as well as doing 15 Research and Development for China's Sophisticated Weapons programs. 16 These AI and bio-metric weapons systems were used on Chinese victims of persecution, the very people Cyrus A. Parsa and The AI Organization were 17 trying to save. 18 22 u_s_ CnrlP. s 2755_Discrimination orohibited if based on race. reliaion. 19 national origin, or sex 20 Google, Deep mind, Alphabet, Facebook, Tesla and Neuralink engaged in discrimination directly and indirectly by Selling to China and Chinese 21 companies who were and are discriminating against their own citizens on the 22 bases of religions, national origin, race and sex, and putting these citizens in 23 camps with surveillance with the use of the very technology provided by Google, Alphabet, Tesla, Neuralink, Deep Mind and other tech companies 24 and persons named as John Doe. They discriminated against the victims of 25 persecution in China that worked on behalf of Cyrus A. Parsa, The AI Organization, his associates and victims of persecution, and organ trafficking. 26 PR Newswire discriminated against Cyrus A. Parsa, The AI Organization, and 27 victims of persecution by censoring The AI Organization's books, reports and 28 articles, and aiding the Chinese government in spreading propaganda and incitement of hatred inside of China with PR Newswires Chinese Subsidiary. -35 - INSERT DOCUMENT TITLE (e.g., MOTION TO STRIKE) Case 3:19-cv-02407-CAB-AHG Document 1 Filed 12/16/19 PageID.36 Page 36 of 50 1 22 u.s CndA & 2756.Foreian intimidation and harassment of individuals in United States 2 Google, Deepmind, Alphabet, Facebook, Tesla and Neuralink Defendants are 3 in breach of this law by doing business with China and its companies who 4 harass and intimidate individuals in the U.S, including Mr. Cyrus A. Parsa, his associates and persecuted victims who escaped China. PR Newswire 5 intimidated other Press Release Companies to not publish Cyrus A. Parsa 6 and The AI Organization's materials. 7 8 18 U.S. Code§ 1038.False information and hoaxes 9 Google, DeepMind and Alphabet conveyed false information to the American 10 public and the government about Artificial Intelligence activities in China. Furthermore, Google, Alphabet, and DeepMind conveyed false information in 11 their google internet search engine authorisms and decoding in a way that 12 allowed humanities bio-metrics, thoughts and actions to be misled, 13 misinformed and controlled by the information provided and available by googles AI data and system's, not limited to Artificial Narrow Intelligence. 14 15 16 Comply with the California Electronic Communications Privacy Act 17 pursuant to Chapter 3.6 (commencing with Section 1546) of Title 12 of 18 Part 2 of the Penal Code. 19 Google, Deepmind, Alphabet, Facebook, Tesla and Neuralink and john Does, 20 Defendants did not properly and accurately comply with the California Electronic Communications Privacy Act, with regards to the publics bio21 metrics and its risks associated with Artificial Intelligence as stated throughout 22 this complaint. 23 A business that collects personal information about consumers shall disclose, 24 pursuant to subparagraph (8) of paragraph (5) of subdivision (a) of Section 1798.130: 25 Defendants did not accurately disclose to consumers the nature of their data 26 collected as it pertains to the risks of Artificial Intelligence as stated 27 throughout this complaint. 28 • Defendants Google, Alphabet, Facebook, Neuralink, Tesla, and - 36

- INSERT DOCUMENT TITLE (e.g., MOTION TO STRIKE) Case 3:19-cv-02407-CAB-AHG Document 1 Filed 12/16/19 PageID.37 Page 37 of 50 1 2 3 4 5 6 7 8 9 10 Deepmind transferred AI technology to China that was used in concentration camps to detect behavior and noncompliance to the their captures. Defendants also transferred AI technology to China that was used to detect if any Chinese citizens were in noncompliance to the Chinese Socialist Dictatorship, or resistant to the control of Artificial Intelligence. By doing so, the defendants directly and indirectly caused or provided the means for China to abuse, torture, rape, and murder its citizens. Victims include associates of The AI Organization and Cyrus A. Parsa, being victims of persecution. These crimes do not exclude Hong Kong or anywhere else the technology was used, including the United States. I (Colgate-Palmolive Co., 323 N.L.R.B. 515, 515-16 (1997)). 11 Computer Fraud and Abuse Act (CFAA) 18 U.S.C. § 1030) 12 Google, Facebook, Deepmind and Alphabet, accessed private bio-metric 13 information on smart phones, computers and Io T's for the purpose of building their quantum computing and artificial intelligence projects, without 14 permission from the user, including Cyrus A. Parsa, victims of persecution, 15 The AI Organization, John Doe Defendants and humanity at large. By doing this, they have put humanity at risk from nefarious actors, China, and the AI 16 systems belonging to Google, Facebook, Deepmind and Alphabet. 17 Google, Deepmind Alphabet and Facebook are in violation of FTC act by 18 "Failing to provide reasonable and appropriate security measures for 19 sensitive consumer information they hold.". They have put peoples at risk, 20 and many have died in China, and including victims of persecution, directly resulting from

Google, Deepmind, Facebook and Alphabet bio-metric 21 collecting Artificial Intelligence Systems that were used by the Chinese 22 Regime and security apparatus to hunt, quarantine, torture and kill Chinese citizens. 23 24 25 The Electronic Signatures in Global and National Commerce Act (ESIGN, Pub.L. 106-229, 114 Stat. 464, enacted June 30, 2000, .1§ 26 U.S.C. ch. 96) is a United States federal law passed by the U.S. Congress to 27 facilitate the use of electronic records and electronic signatures in interstate and foreign commerce by ensuring the validity and 28 legal effect of contracts entered into electronically. -37 - INSERT DOCUMENT TITLE (e.g., MOTION TO STRIKE) Case 3:19-cv-02407-CAB-AHG Document 1 Filed 12/16/19 PageID.38 Page 38 of 50 1 Google, Alphabet, Facebook and Deepmind Failure to obtain electronic 2 signature from consumers and explain therein, the ramifications of their biometrics being extracted from Google, Facebook, Deepmind and Alphabet for 3 their artificial intelligence machine. This failure has endangered humanity, 4 specifically the victims of persecution, associates and members of the AI Organization. 5 6 7 Data Privacy 187. As the Company recognizes in its own corporate governance documents, Alphabet's business is subject to state, federal, and 8 international data protection laws and regulations, and compliance with those 9 regimes is essential to the Company's success. Alphabet's deliberate failure to timely disclose the Google+ breach likely violated many of those protective 10 regimes. 188. In particular, the Consent Decree specifically prohibits 11 misrepresentations about the efficacy of privacy controls, including user 12 controls over who may access their data. Defendants knew, or should have known, that their deliberate failure to disclose

Google+ breach-which 13 inadvertently permitted developers to access data that had not been marked 14 "public" and potentially 15 16 17 18 19 20 21 22 23 24 25 26 Google, Facebook, Deepmind, Nueralink and Alphabet's Algorithms and bias 27 boding of its AI system have allowed them to engage in cultural genocide, 28 incite hatred toward people of faith, in addition to humanity at large by - 38 - INSERT DOCUMENT TITLE (e.g., MOTION TO STRIKE) Case 3:19-cv-02407-CAB-AHG Document 1 Filed 12/16/19 PageID.39 Page 39 of 50 1 creating algorithms that are designed to social engineer humans to accept the 2 next stage of cybernetic alterations to humans, thus putting humanity under physical genocide without their free willed choice, as Googles algorithms and 3 coding use bio-metric frequencies that bio-engineer humans through 4 frequencies being sent to the neural networks of humans that alter its operating structure and brain chemistry, thus altering its thinking to accept a 5 parasitical and symbiotic relationship of artificial intelligence and machines. 6 Defendants are harming humanity, impeding efforts by The AI Organization to 7 bring awareness to these dangers. Defendants are in violation of U.S.C.A 1019 Genocide, Penal Code and Artificial 1, 2, 3 and 4 of the genocide 8 convention as well as in violation of The FTC Act (15 U.S.C. §§ 41-58) for g being deceptive and failing to keep safe an fair AI algorithms, coding and organization of their eco systems platform. 10 11 12 Alphabet, Google, Facebook, Deepmind and Nearalink seek to destroy to human race and all its people, and erase their ethnic, national, religious, and 13 human characteristics. They have done this in part through their Artificial 14 Narrow Intelligence as it attaches to smart phones, IoT, computers and networks, and now the AI System is engaging in an AI system that is on the 15 verge to destroy humanity in whole on the 5G network, by changing 16 humanities culture and brain chemistry to a point that their thoughts are 17 altered to accept mixing with machines. Moreover, The Artificial Intelligence Narrow systems from Google and Facebook have contributed to sex, human 18 and organ trafficking by providing Artificial Intelligence Algorithms and coding 19 that exponentially enhance the affects of pornography and violent content provided on Google's platform, that changes the brain chemistry of individuals 20 in ways that they are more likely to engage in those activities. Furthermore, 21 they have harmed John Does related to The AI Organization, Cyrus A. Parsa, 22 and all of humanity having algorithms that make bringing awareness to these very sophisticated realities, almost impossible. Defendants Facebook and 23 Google are in violation of 15 U.S. Code CHAPTER 103- CONTROLLING 24 THE ASSAULT OF NON-SOLICITED PORNOGRAPHY AND MARKETING and Article 1, 2, 3 and 4 of the genocide convention and 18 U.S.C.A. § 1091§ 25 26 27 1091. Genocide Effective: December 22, 2009, in its entirety. 28 (a) Basic Offense.--Whoever, whether in time of peace or in time of war and - 39 - INSERT DOCUMENT TITLE (e.g., MOTION TO STRIKE) Case 3:19-cv-02407-CAB-AHG Document 1 Filed 12/16/19 PageID.40 Page 40 of 50 1 with the specific intent to destroy, in whole or in substantial part, a national, 2 ethnic, racial, or religious group as such-- 3 4 5 6 7 8 9 10 11 12 13 14 15 16 17 18 19 (1) kills members of that group; (2) causes serious bodily injury to members of that group; (3) causes the permanent impairment of the mental faculties of members of the group through drugs, torture, or similar techniques; (4) subjects the group to conditions of life that are intended to cause the physical destruction of the group in whole or in part; (5) imposes measures intended to prevent births within the group; or (6) transfers by force· children of the group to another group; 20 shall be punished as provided in subsection (b). 21 22 (b) Punishment for Basic Offense.--The punishment for an offense under 23 subsection (a) is-- 24 25 26 27 28 (1) in the case of an offense under subsection (a)(1) where death results, by death or imprisonment for life and a fine of not more than $1,000,000, or both; and -40 - INSERT DOCUMENT TITLE (e.g., MOTION TO STRIKE) Case 3:19-cv-02407-CAB-AHG Document 1 Filed 12/16/19 PageID.41 Page 41 of 50 1 2 3 (2) a fine of not more than $1,000,000 or imprisonment for not more than twenty years, or both, in any other case. 4 (c) Incitement Offense.--Whoever directly and publicly incites another to 5 violate subsection (a) shall be fined not more than $500,000 or imprisoned not more than five years, or both. 6 7 8 (d) Attempt and Conspiracy.--Any person who attempts or conspires to commit an offense under this section shall be punished in the same manner 9 as a person who completes the offense. 10 11 12 (e) Jurisdiction.--There is jurisdiction over the offenses described in subsections (a), (c), and (d) if-- 13 14 15 16 17 18 19 20 21 22 23 24 25 26 27 28 (1) the offense is committed in whole or in part within the United States; or (2) regardless of where the offense is committed, the alleged offender is-- (A) a national of the United States (as that term is defined in section 101 of the Immigration and Nationality Act (8 U.S.C. 1101)); (B) an alien lawfully admitted for permanent residence in the United States (as that term is defined in section 101 of the Immigration and Nationality Act (8 U.S.C. 1101)); (C) a stateless person whose habitual residence is in the United States; or -41- INSERT DOCUMENT TITLE (e.g., MOTION TO STRIKE) Case 3:19-cv-02407-CAB-AHG Document 1 Filed 12/16/19 PageID.42 Page 42 of 50 1 2 3 4 5 (D) present in the United States. Exec. Order No. 13691, 80 FR 9349, 2015 WL 693985(Pres.) Executive Order 13691 Promoting Private Sector Cybersecurity Information Sharing February 13, 2015 6 *9349 By the authority vested in me as President by the Constitution and the laws of the United States of America, it is hereby ordered as follows: 7 8 Section 1. Policy. In order to address cyber threats to public health and safety, national security, and economic security of the United States, private 9 companies, nonprofit organizations, executive departments and agencies 10 (agencies), and other entities must be able to share information related to cybersecurity risks and incidents and collaborate to respond in as close to 11 real time as possible. 12 Organizations engaged in the sharing of information related to cybersecurity 13 risks and incidents play an invaluable role in the collective cybersecurity of 14 the United States. The purpose of this order is to encourage the voluntary formation of such organizations, to establish mechanisms to continually 15 improve the capabilities and functions of these organizations, and to better 16 allow . these organizations to partner with the Federal Government on a voluntary basis. 17 18 Such information sharing must be conducted in a manner that protects the privacy and civil liberties of individuals, that preserves business 19 confidentiality, that safeguards the information being shared, and that 20 protects the ability of the Government to detect, investigate, prevent, and respond to cyber threats to the public health and safety, national security, and 21 economic security of the United

States. 22 This order builds upon the foundation established by Executive Order 13636 23 of February 12, 2013 (Improving Critical Infrastructure Cybersecurity), and 24 Presidential Policy Directive-21 (PPD-21) of February 12, 2013 (Critical Infrastructure Security and Resilience). 25 26 Policy coordination, guidance, dispute resolution, and periodic in-progress reviews for the functions and programs described and assigned herein shall 27 be provided through the interagency · process established in Presidential 28 Policy Directive-I (PPD-I) of February 13, 2009 (Organization of the National Security Council System), or any successor. - 42 - INSERT DOCUMENT TITLE (e.g., MOTION TO STRIKE) Case 3:19-cv-02407-CAB-AHG Document 1 Filed 12/16/19 PageID.43 Page 43 of 50 1 2 Sec. 2. Information Sharing and Analysis Organizations. (a) The Secretary of Homeland Security (Secretary) shall strongly encourage the development and 3 formation of Information Sharing and Analysis Organizations (ISAOs). 4 (b) ISAOs may be organized on the basis of sector, sub-sector, region, or any other affinity, including in response to particular emerging threats or 5 vulnerabilities. ISAO membership may be drawn from the public or private 6 sectors, or consist of a combination of public and private sector organizations. ISAOs may be formed as for-profit or nonprofit entities. 7 8 (c) The National Cybersecurity and Communications Integration Center (NCCIC), established under section 226(b) of the Homeland Security Act of 9 2002 (the "Act"), shall engage in continuous, collaborative, and inclusive 10 coordination with ISAOs on the sharing of information related to cybersecurity risks and incidents, addressing such risks and incidents, and strengthening 11 information security systems consistent with sections 212 and 226 of the Act. 12 (d) In promoting the formation of ISAOs, the Secretary shall consult with other 13 Federal entities responsible for conducting cybersecurity activities, 14 y9350including Sector-Specific Agencies, independent regulatory agencies at their discretion, and national security and law enforcement agencies. 15 16 Sec. 3. ISAO Standards Organization. (a) The Secretary, in consultation with 17 other Federal entities responsible for conducting cybersecurity and related 18 activities, shall, through an open and competitive process, enter into an agreement with a nongovernmental organization to serve as the ISAO 19 Standards Organization (SO), which shall identify a common set of voluntary 20 standards or guidelines for the creation and functioning of ISAOs under this order. The standards shall further the goal of creating robust information 21 sharing related to cybersecurity risks and incidents with ISAOs and among 22 ISAOs to create deeper and broader networks of information sharing nationally, and to foster the development and adoption of automated 23 mechanisms for the sharing of information. The standards will address the 24 baseline capabilities that ISAOs under this order should possess and be able to demonstrate. These standards shall address, but not be limited to, 25 contractual agreements, business processes, operating procedures, technical 26 means, and privacy protections, such as minimization, for ISAO operation and ISAO member participation. 27 (b) To be selected, the SO must demonstrate the ability to engage and work 28 across the broad community of organizations engaged in sharing information -43 - INSERT DOCUMENT TITLE (e.g., MOTION TO STRIKE) Case 3:19-cv-02407-CAB-AHG Document 1 Filed 12/16/19 PageID.44 Page 44 of 50 1 related to cyber security risks and incidents, including ISAOs, and 2 associations and private companies engaged in information sharing in support of their customers. 3 4 (c) The agreement referenced in section 3(a) shall require that the SO engage in an open public review and comment process for the development 5 of the standards referenced above, soliciting the viewpoints of existing 6 entities engaged in sharing information related to cybersecurity risks and incidents, owners and operators of critical infrastructure, relevant agencies, 7 and other public and private sector stakeholders. 8 (d) The Secretary shall support the development of these standards and, in 9 carrying out the requirements set forth in this section, shall consult with the 10 Office of Management and Budget, the National Institute of Standards and Technology in the Department of Commerce, Department of Justice, the 11 Information Security Oversight Office in the National Archives and Records 12 Administration, the Office of the Director of National Intelligence, SectorSpecific Agencies, and other interested Federal entities. All standards shall 13 be consistent with voluntary international standards when such international 14 standards will advance the objectives of this order, and shall meet the requirements of the National Technology Transfer and Advancement Act of 15 1995 (Public Law 104-113), and 0MB Circular A-119, as revised. 16 17 Sec. 4. Critical Infrastructure Protection Program. (a) Pursuant to sections 18 213 and 214(h) of the Critical Infrastructure Information Act of 2002, I hereby designate the NCCIC as a critical infrastructure protection program and 19 delegate to it authority to enter into voluntary agreements with ISAOs in order 20 to promote critical infrastructure security with respect to cybersecurity. (b) Other Federal entities responsible for conducting cybersecurity and 21 related activities to address threats to the public health and safety, national 22 security, and economic security, consistent with the objectives of this order, may participate in activities under these agreements. 23 24 (c) The Secretary will determine the eligibility of ISAOs and their members for any necessary facility or personnel security clearances associated with 25 voluntary agreements in accordance with Executive Order 13549 of August 26 18, 2010 (Classified National Security Information Programs for State, Local, Tribal, and Private Sector Entities), and Executive Order 12829 of January 6, 27 1993 (National Industrial Security Program), as amended, including as 28 amended by this order. -44 - INSERT DOCUMENT TITLE (e.g., MOTION TO STRIKE) Case 3:19-cv-02407-CAB-AHG Document 1 Filed 12/16/19 PageID.45 Page 45 of 50 1 2 Sec. 5. Privacy and Civil Liberties Protections. (a) Agencies shall coordinate 3 their activities under this order with their senior agency officials for privacy 4 and civil liberties and ensure that appropriate protections for privacy and *9351 civil liberties are incorporated into such activities. Such protections 5 shall be based upon the Fair Information Practice Principles and other privacy 6 and civil liberties policies, principles, and frameworks as they apply to each agency's activities. 7 8 9 10 11 12 13 14 15 16 17 18 19 20 21 22 23 24 25 26 27 28 (b) Senior privacy and civil liberties officials for agencies engaged in activities under this order shall conduct assessments of their agency's activities and provide those assessments to the Department of Homeland Security (OHS) Chief Privacy Officer and the OHS Office for Civil Rights and Civil Liberties for consideration and inclusion in the Privacy and Civil Liberties Assessment report required under

Executive Order 13636. Exec. Order No. 13691, 80 FR 9349, 2015 WL 693985(Pres.) Executive Order 13691 Promoting Private Sector Cybersecurity Information Sharing Defendants failed to meet Executive Order 13691 by properly, accurately share and make public the risks of their research and development of Artificial Intelligence. Defendants also failed to keep their Research and Development secure from China, China's corporations that were involved in Genocide and Chinese associates that had money and investments in companies that have engaged in crimes against humanity in China. By those this, the defendants have harmed the victims represented by Cyrus A. Parsa, and The AI Organization Violation of FTC ACT § 45a. Labels on products, Artificial Intelligence was not labeled by Google. -45 - INSERT DOCUMENT TITLE (e.g., MOTION TO STRIKE) Case 3:19-cv-02407-CAB-AHG Document 1 Filed 12/16/19 PageID.46 Page 46 of 50 1 2 3 4 5 6 7 8 9 10 11 12 13 14 15 16 17 18 19 20 21 Google L.L.C, Facebook, Deepmind and Alphabet did not properly and truthfully label their digital products and physical products promoted on their search engine and all interconnected services to be made, promoted, offered, and sold by the use of Artificial Intelligence or Algorithms made by, assisted by or incorporates with artificial intelligence. Violation of FTC ACT § 52. Dissemination of false advertisements for using AI to induce and manipulated thoughts, actions, and emotions that defrauds and hurts all of humanity, including The AI Organization, Cyrus A. Parsa and its associates. (a)Unlawfulness It shall be unlawful for any person, partnership, or corporation to disseminate, or cause to be disseminated, any false advertisement-- (1) By United States mails, or in or having an effect upon commerce, by any means, for the purpose of inducing, or which is likely to induce, directly or indirectly the purchase of food, drugs, devices, services, or cosmetics; or (2) By any means, for the purpose of inducing, or which is likely to induce, directly or indirectly, the purchase in or having an effect upon commerce, of food, drugs, devices, services, or cosmetics. (b) Unfair or deceptive act or practice The dissemination or the causing to be disseminated of any false advertisement within the provisions of subsection (a) of this section shall be an unfair or deceptive act or practice in or affecting commerce within the meaning of section 45 of this title. 22 Violation of FTCACT § 53. False advertisements; injunctions and restraining orders. 23 24 Google, DeepMind, Alphabet, Facebook and Neuralink falsely have advertised the reasons, capabilities, risks and implications of their 25 technologies, products and services disseminated to the public, 26 including AI algorithms have harmed humanity, The AI Organization, Cyrus A. Parsa and Plaintiffs John Does. Defendants are liable and 27 guilty § 54. False advertisements; penalties under the FTCACT as 28 they have caused injury to health via torture resulting from the aid China received from the defendant's technologies being -46 - INSERT DOCUMENT TITLE (e.g., MOTION TO STRIKE) Case 3:19-cv-02407-CAB-AHG Document 1 Filed 12/16/19 PageID.47 Page 47 of 50 1 transferred to China. Defendants subsequently are in violation of 2 § 57b. Civil actions for violations of rules and cease and desist orders respecting unfair or deceptive acts or practices. 3 Furthermore, (h) Jurisdiction of court Whenever any petition is filed in 4 any district court of the United States under this section, such court shall have jurisdiction to hear and determine the matter so presented, 5 and to enter such order or orders as may be required to carry into 6 effect the provisions of this section. Any final order so entered shall be subject to appeal pursuant to section 1291 of Title 28. Any 7 disobedience of any final order entered under this section by any court 8 shall be punished as a contempt of such court. 9 Defendants are in violation of The Arms Control and Disarmament Act of 10 1961, 22 U.S.C. § 2551 by developing and providing to China artificial intelligence and quantum computing technology that can be used in a wide 11 variety of AI guided, AI assisted and AI produced atomic strikes on nations 12 states, including against the Unite States by China or rogue actors. The act was created to establish a governing body for the control and reduction 13 of apocalyptic armaments with regards to protect a world from the burdens 14 of armaments and the scourge of war. The Act provided an important aspect for the Kennedy Administration's foreign policy which was coherent with the 15 United States national security policy. 16 The H.R. 9118 legislation was passed by the United States 87th 17 Congressional session and signed by the 35th President of the United States John F. Kennedy on September 26, 1961 _11 18 19 Defendants are in violation of The Atomic Energy Act of 1954, 42 U.S.C. §§ 20 2011-2021, 2022-2286i, 2296a-2297h-13, is a United States federal law that 21 covers for the development, regulation, and disposal of nuclear materials and facilities in the United States. They have endangered the people of China, the 22 world, and persons working on behalf of The AI Organization in China and 23 around the world by transferring AI technology that can be weaponized for nuclear strikes with artificial intelligence 24 It was an amendment to the Atomic Energy Act of

1946 and substantially 25 refined certain aspects of the law, including increased support for the 26 possibility of a civilian nuclear industry. Notably it made it possible for the government to allow private companies to gain technical information 27 (Restricted Data) about nuclear energy production and the production of 28 fissile materials, allowing for greater exchange of information with foreign nations as part of President Dwight D. Eisenhower's Atoms for -47 - INSERT DOCUMENT TITLE (e.g., MOTION TO STRIKE) Case 3:19-cv-02407-CAB-AHG Document 1 Filed 12/16/19 PageID.48 Page 48 of 50 1 Peace program, and reversed certain provisions in the 1946 law which had 2 made it impossible to patent processes for generating nuclear energy or fissile materials. 3 The H.R. 9757 legislation was passed by the 83rd U.S. Congressional 4 session and signed into law by President Dwight Eisenhower on August 30, 1954.ill 5 6 7 8 9 10 IV. DEMAND FOR TRIAL BY JUDGE I declare under penalty of perjury that the foregoing is true and correct. II DATED: December 16, 2019 12 Your signature-G(J.J.,Ptr(7U.:::'.- 1:=_I,---' 13 14 15 16 17 18 19 20 21 22 23 24 25 26 27 28 -48 - Cyrus A. Parsa, The AI Organization, In Pro Se INSERT DOCUMENT TITLE (e.g., MOTION TO STRIKE) Case 3:19-cv-02407-CAB-AHG Document 1 Filed 12/16/19 PageID.49 Page 49 of 50 DUPLICATE Court Name: USDC California Southern Division: 3 Receipt Number. CA3117004 Cashior ID: asepulvs Transaction Date: 12/16/2019 Payer Namc: CYRUS A PARSA CIVIL FILING FEE For: CYRUS A PARSA Case/Party: D-CAS-3-19-CV-002407-AHG Amount: $400 .00 CREDIT CARD Amt Tendered: $400.00 Tota I Due: 1400 .00 Total Tendered: 400.00 Change Amt: O .00 There wi Il be a fee of $53.00 charged for any returned check.

MIX
Papier aus verantwortungsvollen Quellen
Paper from responsible sources
FSC® C105338

Printed by Books on Demand GmbH, Norderstedt / Germany